Ruphini G. Lula

L'église, le chrétien et l'argent

Ruphini G. Lula

L'église, le chrétien et l'argent

Éditions Croix du Salut

Imprint
Any brand names and product names mentioned in this book are subject to trademark, brand or patent protection and are trademarks or registered trademarks of their respective holders. The use of brand names, product names, common names, trade names, product descriptions etc. even without a particular marking in this work is in no way to be construed to mean that such names may be regarded as unrestricted in respect of trademark and brand protection legislation and could thus be used by anyone.

Cover image: www.ingimage.com

Publisher:
Éditions Croix du Salut
is a trademark of
Dodo Books Indian Ocean Ltd., member of the OmniScriptum S.R.L Publishing group
str. A.Russo 15, of. 61, Chisinau-2068, Republic of Moldova Europe
Printed at: see last page
ISBN: 978-620-3-84234-0

Chapitre I
Introduction

Durant plusieurs siècles, l'argent fut stigmatisé dans le milieu ecclésial. Associé au pouvoir et au péché, il fascine et repousse à la fois. L'église catholique qui régit le moyen âge imposa la pauvreté comme signe d'acceptation divine, mais en contrepartie s'enrichit par diverses stratégies de spoliation. Ainsi, une culture de pauvreté dominait les croyants laissant toute richesse à l'église et aux non-croyants lucides dans les affaires commerciales. Cette mentalité a fortement influencé les chrétiens même après le schisme avec le protestantisme. Toutefois, la pauvreté, credo du croyant devient quelques siècles après, un signe de malédiction. Dans une société chrétienne qui change de visage, être pauvre devint un signe de désapprobation divine ; être riche, un signe d'élection et de justification. Avec le temps, un équilibre doctrinal s'est installé sans pour autant ignorer toutes les dérives que l'on connaît à ce jour au sujet de l'évangile de la prospérité. Par conséquent, l'argent devient la priorité pour une catégorie des chrétiens et un véritable tabou pour l'autre catégorie.

Dans, la société contemporaine, nous pouvons faire le constat que l'argent est devenue le symbole de la réussite et de la reconnaissance sociale. Ce n'est plus simplement un instrument utilitaire mais une valeur en soi qui procure aux yeux de la société de la valeur à celui qui l'a.

Triste est de constater que la valeur de l'individu est déterminée par son compte en banque. L'argent est devenue la puissance qui régit les foyers, les politiques gouvernementales, la santé, l'alimentation, l'éducation etc... et son influence sur l'église n'est pas négligeable.

Vous êtes très certainement d'accord avec moi, que les problèmes d'argent sont parmi les causes courantes de suicide, de malnutrition, d'inaccessibilité aux soins médicaux appropriés , de conflits conjugaux menant au divorce et tant d'autres. En cela, les chrétiens ne sont pas épargnés. Nous ne pouvons nier que nos foyers et nos églises ont besoin d'argent pour fonctionner. Comment une communauté locale peut elle étendre son activité dans le pays ou le monde sans argent ?

Le Seigneur Jésus-Christ, nous a recommandé d'aller partout dans le monde pour apporter la bonne nouvelle à tous les peuples. Pouvons-nous accomplir ce mandat sans les moyens financiers ? Il nous faut une centaine d'euros pour être à même de nous déplacer dans le continent.

Si nous désirons mettre en place un ministère holistique ; l'église aura nécessairement besoin d'argent pour créer des orphelinats, des écoles, des centres d'hébergement pour personnes sans domiciles fixes,... Cela nécessite donc indubitablement le concours de l'argent. Aujourd'hui l'église francophone manque cruellement de visibilité institutionnelle parce qu'elle n'est pas en mesure de mettre en place des institutions sociales qui véhiculent les principes et les valeurs du royaume de Dieu faute d'argent.

En raison de cette problématique, penchons nous sur cette question financière pour apporter quelques éclaircissements et révélations bibliques, ainsi que des solutions concrètes aux problèmes que rencontre l'église francophone.

Chapitre II
La Prospérité

Prêches-tu l'évangile de la prospérité ?

Cette question à laquelle j'ai été confrontée mérite une profonde réflexion. Avant d'entrer dans le vif du sujet qui fonde la raison d'être de ce livre, considérons dans un premier temps les dérives que connaissent nos églises sur cette notion 'périlleuse', afin de corriger les erreurs qui souvent, ont entachées notre manière de concevoir la prospérité.

A chaque interrogation, il m'incombe de répondre avec beaucoup de soins au risque d'être disqualifié et de passer pour un commerçant de l'évangile aux yeux de mes interlocuteurs. En effet, le mot prospérité revêt une connotation négative dans le milieu évangélique francophone et cela, dirais-je, à juste titre. Suite aux dérives des prédicateurs qui mettent l'accent sur les richesses matérielles, qui promettent des récoltes financières miraculeuses, qui sans scrupule spolient le peuple de Dieu par des fanfaronnades bien conçus, soutenus par des versets bibliques tournés à leur guise, les chrétiens deviennent méfiants et récalcitrants des prédications et enseignements qui parlent de l'argent.

Permettez-moi de vous raconter l'histoire d'une jeune sœur très consacrée au Seigneur mais vivant avec un époux non-croyant. Un dimanche, ce dernier accepta d'aller en compagnie de son épouse assister au culte. C'était un grand miracle de voir cet homme, ayant un cœur si dur à l'égard de l'évangile se rendre à l'église. L'office était dirigé par un prophète mondialement connu. A la fin de son message, après avoir prophétisé, il fit appel aux dons financiers et assura un miracle financier à ses donateurs en quarante huit heures. La jeune femme répondit à l'appel. Plusieurs jours et semaines se succédèrent, aucun miracle financier ne survint. Cet incident n'a servi qu'à déchirer le couple et à renforcer la position négative du mari vis-à-vis de la chrétienté. De telles histoires se comptent par milliers. Aussi, l'église se trouve infectée par des prédicateurs qui font pression sur les brebis du Seigneur pour qu'ils donnent, sous prétexte qu'une omission de leur part, les priverait de la bénédiction divine sur le plan financier. Beaucoup sont victimes de ces hommes cupides qui utilisent l'Evangile pour leur propre ventre. Suite à de tels abus, pour nombreux de croyants, entendre parler de l'argent à l'église met mal à l'aise. Par conséquent, donner les offrandes ou une dîme n'a plus rien d'une joie mais est malheureusement devenu un lourd fardeau.

L'évangile de la prospérité : un problème à deux niveaux

Concernant l'évangile dit « de la prospérité », un problème à deux niveaux se pose. Premièrement, dans le chef des enseignants, et deuxièmement dans le chef des auditeurs.

L'apôtre Paul nous avertit dans 1 Timothée 6 :5,9à10 en ces termes ;

« (...), Les vaines discussions d'hommes corrompus d'entendement, privés de la vérité, et croyant que la piété est une source de gain (...), Mais ceux qui veulent

s'enrichir tombent dans la tentation, dans le piège, et dans beaucoup de désirs insensés et pernicieux qui plongent les hommes dans la ruine et la perdition. Car l'amour de l'argent est une racine de tous les maux; et quelques-uns, en étant possédés, se sont égarés loin de la foi, et se sont jetés eux-mêmes dans bien des tourments.»

La pensée biblique est claire et précise; le désir de richesse financière est un piège qui plonge inéluctablement dans la ruine et la destruction. La poursuite des gains est donc un chemin dangereux pour le croyant. L'apôtre inspiré par l'Esprit de Dieu nous avertit ;

« *Car l'amour de l'argent est une racine de tous les maux ; et quelques uns, en étant possédés, se sont égarés loin de la foi, et se sont jetés eux-mêmes dans bien des tourments*. »

Vous feriez mieux de vous rappeler que le seul apôtre intéressé par l'argent fut Judas. Il avait le rôle de trésorier de la communauté et la bible nous révèle qu'elles étaient les intentions de son cœur (jean 12 :4-6). Pour trente pièces d'argent, il s'est égaré loin du Christ et s'est jeté lui même dans des tourments. Satan utilise la faille qu'il trouve dans l'âme du croyant pour l'amener à la perdition. Pour bien des croyants, cette faille à la ressemblance de Judas est l'amour de l'argent.

Il est curieux de constater que le Seigneur Jésus savait probablement que son disciple était un voleur. Il n'en demeure pas moins qu'il ne lui a point retiré cette intendance. De plus, Judas fut parmi les douze apôtres envoyés en mission et reçut par Jésus la puissance pour chasser les démons et guérir les malades (Marc 6.7-13). Il fut donc utilisé par Dieu. Toutefois, la faille qu'il avait dans son cœur fut exploitée par Satan pour le conduire à la perdition. A l'image de ce disciple cupide, certains de ces prédicateurs ont été appelés par Dieu, ils ont le don du Seigneur, sont utilisés par sa puissance, sont intendants de ses affaires mais courent vers la ruine et la destruction car ils font de la piété un moyen pour gagner de l'argent. Ils sont donc corrompus d'entendement !

Nous l'avons bien compris, le premier niveau du problème est la cupidité de ces enseignants. Toutefois, le problème ne se situe pas seulement chez ces prédicateurs mais chez les croyants, auditeurs de ces enseignements.

Considérons 2 Timothée 4 :3 :
« *Car il viendra un temps où les hommes ne supporteront pas la saine doctrine; mais, ayant la démangeaison d'entendre des choses agréables, ils se donneront une foule de docteurs selon leurs propres désirs, (...)* »

A la lumière de ces versets, le deuxième niveau du problème concernant l'évangile de la prospérité est le désir des auditeurs ! Ils ont la démangeaison d'entendre des choses agréables et ils se donnent une foule de docteurs selon leurs propres désirs.

Le désir de richesse financière est ce qui motive ces chrétiens ! La poursuite des gains les amène à se donner des enseignants conformes à leur ambition ; la soif de plus posséder. Dans cette optique, Ils donnent leurs offrandes dans le but de recevoir en retour avec intérêt. Ils agissent comme des investisseurs et attendent que Dieu fasse fructifier leurs finances et biens matériels. Leurs dons ne sont guère désintéressés. Certes, Dieu nous rend d'une manière ou d'une autre par sa glorieuse richesse mais cela, selon la vraie motivation de notre cœur. Or cette motivation doit être un amour désintéressé pour son œuvre.

Un prédicateur de la prospérité trouve donc sa crédibilité auprès de ceux qui nourrissent les mêmes ambitions que lui. Nous pouvons facilement blâmer ces faux enseignants, mais n'oublions pas que sans auditoire, ils seront dépourvus de succès ! Le problème n'est donc pas unilatéral mais bilatéral.

Le contentement

Le contentement est l'état d'une personne qui a une satisfaction vive et durable des biens qu'elle possède ou qu'elle ne possède guère. Cela évoque l'attitude d'une personne qui peut supporter les moments des disettes par la force qu'il trouve en Christ et qui ne réagit pas de façon excessive à un manque. Il sait rendre grâce à Dieu en toutes circonstances financières ; favorables ou défavorables. Il trouve sa pleine joie en Christ dans la précarité et dans la richesse.

La bible souligne à partir du sixième verset de 1 Timothée chapitre 6 ;

« *La piété est pourtant une grande source de gain quand on se contente de ce que l'on a. En effet, nous n'avons rien apporté dans le monde et nous ne pouvons rien emporter. Si donc nous avons de la nourriture et des vêtements, cela nous suffira.* »

A l'opposé de la piété source de richesses financières enseignée par les faux docteurs, la bible nous enseigne que la vraie richesse (prospérité) est la piété quand l'âme a appris le contentement.

Dans Philippiens 4 :11 à 13, il est écrit :

« Ce n'est pas à cause de mes besoins que je dis cela, car j'ai appris à être satisfait de ma situation. Je sais vivre dans la pauvreté et je sais vivre dans l'abondance. Partout et en toutes circonstances j'ai appris à être rassasié et à avoir faim, à être dans l'abondance et à être dans le besoin. Je peux tout par celui qui me fortifie, [Christ]. »

Paul utilise le verbe apprendre pour définir son attitude de satisfaction ou de contentement. « Il a appris » ; ce qui veut dire qu'il y'a eu un cheminement pour enfin aboutir à cet état. Il a donc appris par des épreuves afin d'atteindre la maturité nécessaire.

Est donc riche, celui qui a la piété comme source de gain spirituel quand il se contente de ce qu'il a selon les particularités de la saison qu'il traverse. Voici aux regards de Dieu celui qui est prospère. Pouvons-nous, nous accommoder des diverses situations financières que nous traversons ? Paul sait le faire et son secret consiste à tirer sa satisfaction et sa force en Christ malgré les saisons difficiles ou d'abondances. C'est la raison pour laquelle il s'exprime ainsi ; « *Je peux tout par celui qui me fortifie, [Christ].* »

L'humain est décrit par les philosophes comme un 'éternel' insatisfait. Il a constamment l'insatiable besoin d'obtenir plus, ce qui fait perdurer l'insatisfaction. En effet, chaque acquis est succédé d'une nouvelle attente. Nous désirons ce que nous n'avons pas et dès que nous l'obtenons, nous nous mettons à désirer encore plus. Cela est l'essence de l'homme sans Christ. Contrairement à l'homme sans Christ, l'enfant de Dieu mature trouve la pleine satisfaction dans la connaissance qu'il a du

Seigneur. La force qu'il reçoit dans sa communion avec Christ, lui suffit pour surmonter toutes les épreuves et s'accommoder des diverses situations financières. La recherche de plus de biens matériels n'est pas sa priorité.

Quoique, le contentement ne suggère pas un manque d'ambition pour changer sa situation financière précaire. Cela n'est pas une invitation à une vie de misère chronique ! C'est un état d'âme qui exprime la joie en Christ malgré la précarité sans exclure la recherche d'emploi, l'entrepreneuriat etc...

Si vous avez la soif de toujours plus posséder pour assouvir vos envies, demandez à Christ de vous délivrer de ce désir malsain, et de vous apprendre le contentement en toute circonstance. Par sa grande richesse, il satisfera à tous vos besoins, mais de la manière la plus appropriée pour vous.

Chapitre III.
Un examen personnel

Hébreux 13 : 5 :

« *Que votre conduite ne soit pas guidée par l'amour de l'argent, contentez vous de ce que vous avez. En effet, Dieu lui même a dit : je ne te délaisserai pas, et je ne t'abandonnerai pas.* »

L'argent n'est pas nuisible pour l'enfant de Dieu mais l'amour de l'argent l'est. Le cœur du problème de l'argent se situe donc sur le plan personnel, dans le rapport que le chrétien entretient avec l'argent. Ce rapport doit rester sous sa constante vigilance.

Un examen personnel peut vous faire prendre conscience de votre rapport avec l'argent :

1) En cas de disette, avez vous déjà eu (ou pourriez-vous) avoir recours à des procédés illicites pour gagner de l'argent ?

2) Etes -vous capable de mentir à votre épouse, époux, vos parents ou amis pour vous octroyer en toute discrétion de l'argent ?

3) Pensez-vous sans cesse à l'argent et aux stratégies à mettre en place pour vous enrichir ?

4) Etes-vous constamment attiré par les promesses et les méthodes d'enrichissement rapide ?

5) Avez-vous des difficultés à donner libéralement ?

6) Avez-vous un sentiment de supériorité à l'égard des pauvres ?

7) Caressez-vous le désir de vous offrir des choses luxueuses et de les exposer aux yeux de vos amis ou votre entourage ?

8) Vivez-vous bien au dessus de vos revenus mensuels réels ?

9) Aimez-vous écouter régulièrement des enseignements sur la prospérité financière ?

10) Donnez-vous les offrandes dans le but de recevoir en retour ?

Si vous avez répondu par l'affirmative à une de ces questions, vous nourrissez et cela peut être inconsciemment, une soif d'argent malsaine.

Considérons, Marc 12 :41-42 :

« *Jésus était assis vis-à-vis du tronc et regardait comment la foule y mettait de l'argent. De nombreux riches mettaient beaucoup. Une pauvre veuve vint aussi, elle y mit deux petites pièces, une toute petite somme. Alors jésus appela ses disciples et leur dit ; « je vous le dis en vérité, cette pauvre veuve a donné plus que tous ceux qui ont mis dans le tronc, car tous ont pris de leur superflu pour mettre dans le tronc, tandis qu'elle, elle a mis de son nécessaire, tout ce qu'elle avait pour vivre* »

Ce passage nous montre combien Dieu accorde de l'importance au rapport que nous avons avec l'argent. Jésus s'est expressément assis devant 'le panier des offrandes' pour regarder combien les gens donnent ! Il est frappé par la veuve qui donne tout le nécessaire dont elle a besoin pour vivre. Cela démontre son désintérêt pour l'argent et l'amour qu'elle a pour Dieu. Elle trouve de la joie à donner son offrande et ne se soucie pas de son lendemain. Voici le cœur que Dieu honore.

Permettez moi de vous raconter cette histoire :

Un homme vint voir un pasteur et lui dit ;

- Priez pour moi. Si Dieu me procure un bénéfice de Cent mille euros, je donnerai la moitié pour son œuvre.

L'homme de Dieu, lui dit :

- Que donnerais tu, si tu ne reçois pas cent mille comme tu le souhaites mais Cinquante mille ?

- Je donnerai la moitié rétorqua t-il !

- Et si tu reçois vingt cinq mille, enchaîna l'homme de Dieu ?

- Je donnerai la moitié répliqua le demandeur.

- C'est bien, dit l'homme de Dieu. Si Dieu te donne seulement cinquante, que donnerais tu ?

L'homme dévisagea son pasteur et lui dit : vois-tu, j'ai un business à tenir, de l'essence à payer, il me manque certains instruments de travail, j'ai des dettes etc...

Ce n'est pas la quantité du don mais la qualité qui démontre notre attachement à Dieu. Or, la qualité est déterminée par notre niveau de sacrifice ! La question à se poser est : que me coûte mon offrande ? Dans le chef de la veuve, son offrande coûtait sa survie du lendemain. Nous pouvons nous targuer d'avoir ou de vouloir beaucoup donner, mais sans que cela nous coûte cher ! Ce n'est pas une question de montant mais de sacrifice qui démontre notre attachement à Dieu et non à l'argent.

Celui qui a appris à donner de son sacrifice, donnera plus que son superflu. Même dans l'abondance, il donnera avec sacrifice. Cela veut dire que son offrande sera toujours un renoncement à son bien être personnel. Bien au-delà d'un superflu ! Méditons profondément cette vérité !

Servir Dieu ou Mammon

Considérons Matthieu 6 :21 et 24 :

« *En effet, la où est ton trésor, là aussi sera ton cœur* » (...) *personne ne peut servir deux maîtres, car détestera le premier et aimera le second, ou il s'attachera au premier et méprisera le second. Vous ne pouvez servir Dieu et Mammon.* »

Jésus personnifie l'amour de l'argent par une divinité qu'il nomme 'Mammon' et le reconnaît comme étant susceptible de dominer le cœur de ses disciples et ainsi prendre la place de Dieu. Le problème n'est donc pas l'argent mais devenir serviteur de l'argent. Cette recommandation n'est pas à prendre à la légère car quiconque s'égare dans l'amour de l'argent, abandonne la foi et s'attire bien des tourments (1 timothée 6 :10).

De toute évidence, derrière l'argent, se cache une puissance satanique qui domine le monde et qui s'est bien malheureusement, infiltré dans plusieurs églises. Christ ne peut se tromper ; servir Dieu et l'argent est incompatible.

L'argent donne accès à l'avoir, au pouvoir et à la gloire selon le monde. Il peut sournoisement devenir dans le cœur du croyant, une fin en soi, un absolu, une idole (Apocalypse 3 :17).

L'amour de l'argent amène également l'insatiabilité. Plus on en a, plus on en désire. C'est une ligne d'horizon qui s'éloigne toujours et encore au fur et à mesure que l'on cherche à s'en approcher. Aussi, l'argent peut éveiller en nous, le désir de pouvoir se passer de Dieu. C'est dans cette optique qu'Agur dans le livre des Proverbes 30 :8-9 déclare :

« ...Et ne me donne ni pauvreté, ni richesse, mais accorde moi le pain qui m'est nécessaire ! Sinon je risquerai, une fois rassasié, de te renier et dire : qui est l'Eternel ? (...) »

Il faut une grande maturité dans le Seigneur pour lui rester fidèle s'il nous accorde des richesses. Abraham nous enseigne cette maturité ; nous découvrons dans l'épisode de séparation d'avec Lot dans Genèse chapitre 13, qu'il laisse ce dernier choisir la meilleure part visuelle. C'est un acte de détachement dans le chef d'Abraham qui révèle sa priorité. Cette priorité n'est nullement la possession et convoitise des biens terrestres mais Dieu.

Ne nous leurrons pas, la puissance de Mammon est susceptible d'assujettir les riches autant que les pauvres. Les riches par la convoitise de plus posséder, une soif qui ne s'étanche jamais, et les pauvres par l'envie, la jalousie, la colère, la frustration, l'accumulation des dettes, les soucis de la vie liés aux besoins financiers etc. Dans le chef du riche ou du pauvre, la puissance de Mammon rend la parole de Dieu infructueuse.

Nous pouvons étayer cela par Matthieu 13 :22 :

« Un autre encore a reçu la semence « parmi les ronces ». C'est celui qui écoute la Parole, mais en qui elle ne porte pas de fruit parce qu'elle est étouffée par les soucis de la vie et par l'attrait trompeur des richesses. »

Faisons un autre constat évident ; la pauvreté ne justifie pas devant Dieu et l'abondance ne condamne pas. Inversement, l'abondance ne justifie pas et la pauvreté ne condamne pas. L'argent peut donc dominer autant sur les pauvres que sur les riches.

Sur base d'une bonne éthique chrétienne, le croyant riche se doit d'adopter une attitude de contentement, un style de vie sobre, une modération dans l'usage des biens de ce monde, un attachement sans pareil aux réalités célestes et un cœur qui abonde en bonnes œuvres.

Le croyant pauvre se doit d'adopter également une attitude de contentement, de joie, une vie équilibrée, c'est-à-dire dire, qu'il ne doit pas vivre aux dessus de ses moyens pour paraître, de peur d'accumuler les dettes qu'il ne saurait rembourser. Il doit avoir un cœur qui donne chaleureusement son offrande à l'instar de la veuve que Jésus a honoré.

Il est à noter que l'attitude de contentement dans le chef du pauvre ne veut pas dire, accepter sa misère sans travailler pour changer sa situation financière. En effet, cela n'exclut en rien le fait qu'il doit chercher ou changer de travail pour améliorer sa condition (Voir le paragraphe sur le contentement).

Chapitre IV.

Peut-on être consacré à Dieu mais demeurer dans une pauvreté chronique ?

Oui, Il est certes possible d'être consacré à Dieu et de vivre toute sa vie dans une grande pauvreté. Toutefois, je ne pense guère que cela soit la volonté de Dieu que ses enfants vivent continuellement dans la disette. Une vie toute entière menée dans la pauvreté est le résultat d'un manque de connaissance et de compréhension des principes bibliques concernant l'argent. Je n'insinue pas que tout chrétien doit devenir riche. Mais tout chrétien a le droit de vivre sans manque. C'est ce que la bible promet ;

Psaumes 34 :10

« Les lionceaux éprouvent la disette et la faim, Mais ceux qui cherchent l'Eternel ne sont privés d'aucun bien. »

Psaumes 37:25

« J'ai été jeune, j'ai vieilli; Et je n'ai point vu le juste abandonné, ni sa postérité mendiant son pain. »

Considérons cette histoire qui nous est relatée dans 2 Roi 4: 1-7 :

« Une femme de la communauté de prophètes cria à Elisée: «Ton serviteur, mon mari, est mort, et tu sais qu' ***il craignait l'Eternel.*** *Or le créancier est venu pour prendre mes deux enfants et faire d'eux ses esclaves.» 2 Elisée lui dit: «Que puis-je*

faire pour toi? Dis-moi: qu'as-tu chez toi?» Elle répondit: «Ta servante n'a rien du tout chez elle, mis à part un pot d'huile.» 3 Il dit: «Va demander des vases dans la rue, chez tous tes voisins, des récipients vides, demandes-en un grand nombre. 4 Une fois rentrée, ferme la porte derrière toi et tes enfants, verse de l'huile dans tous ces récipients et mets de côté ceux qui sont pleins.» 5 Alors elle le quitta. Elle ferma la porte derrière elle et ses enfants, qui lui présentaient les récipients, et elle versait. 6 Lorsque les récipients furent pleins, lorsqu'elle dit à son fils: «Donne-moi encore un récipient» et qu'il lui répondit: «Il n'y en a plus», l'huile s'arrêta. 7 Elle alla le rapporter à l'homme de Dieu qui lui dit: «Va vendre l'huile et paie ta dette. Tu vivras, avec tes fils, de ce qui restera. »

Lorsque l'on considère tous les miracles accomplis par Elisée, et notamment la manière dont il solutionne le problème financier de cette veuve, on est en droit de se poser la question de savoir, comment cet homme de son vivant a t-il pu être disciple d'Elisée (préfiguration du Christ) et demeurer esclave de dettes ? Il nous est dit également que c'est un homme qui craignait Dieu ! De même comment un chrétien peut-il être disciple de Jésus-Christ, craindre Dieu mais demeurer pauvre et esclave de dettes ? Il y'a t-il une contradiction entre les promesses du psaume 34:10, le psaume 37 :25 et la réalité de 2 Roi 4 : 1-7 ?

Les vérités proclamées dans ces psaumes ne sont pas à remettre en cause. L'accomplissement de ces promesses est conditionnel. L'application de la gestion financière biblique est la condition sinequanone pour la réalisation des paroles du psalmiste (Voir Chapitre VI). En effet, vous pouvez être pieux, avoir l'onction divine mais mourir pauvre et laisser votre famille dans les dettes et la disette. Que cela ne soit pas votre cas ! A mon humble avis, ce disciple d'Elysée n'avait pas totalement compris la dimension spirituelle dans laquelle opérait son maître et ne lui avait certainement pas exposé ses problèmes financiers. Autrement, son problème aurait été résolu de son vivant!

Proverbes 13:22 déclare :

« ***L'homme de bien laisse un héritage aux enfants de ses enfants***, *tandis que les richesses du pécheur sont en réserve pour le juste.* »

Nous pouvons sur base de ce verset conclure que le défunt serviteur d'Elisée n'était pas un homme de bien. Le seul héritage qu'il a laissé à ses enfants est un esclavagisme financier. Effectivement, l'homme de bien laisse un héritage aux enfants de ses enfants ; cela veut dire qu'il doit préparer une provision assez conséquente et profitable jusqu'à la deuxième génération de sa descendance. Réalisez vous que ce verset est la volonté de Dieu ? Prenons exemple sur Abraham, il laisse à Isaac, certes, un héritage spirituel, sans bien évidemment exclure l'héritage matériel.

Avons-nous compris la dimension dans laquelle opère notre maitre, le Seigneur Jésus-Christ à l'instar d'Elysée?

Réalisez vous que les miracles financiers ne sont pas impossibles pour notre Seigneur ?

Connaissez-vous les principes de gestion financière divine qui nous donnent de vivre ces miracles financiers ?

Vous trouverez toutes les réponses à ces questions dans cet ouvrage.

En dehors de toute épreuve financière d'origine divine qui par ailleurs n'est que saisonnière, Cela n'est pas la responsabilité de Dieu si le croyant mène une vie dans la disette. Cette responsabilité nous incombe ! Le chrétien est seul coupable de sa pauvreté chronique.

Cinq manifestations de l'esprit de pauvreté dans la vie du chrétien

A présent, découvrons cinq manifestations de l'esprit de pauvreté chez le chrétien. Quiconque manifeste ces caractéristiques, ne peut financièrement prospérer.

1) **la paresse** :

Proverbes 19:15

« La paresse fait tomber dans l'assoupissement, Et l'âme nonchalante éprouve la faim. »

Proverbes 10: 4

« Celui qui agit avec nonchalance s'appauvrit, mais la main des personnes actives est source de richesse »

Proverbes 13 : 4

« L'âme du paresseux a des désirs qu'il ne peut satisfaire; Mais l'âme des hommes diligents sera rassasiée. »

Proverbes 19 :24

« Le paresseux plonge sa main dans le plat, et il ne la ramène pas à sa bouche »

Proverbes 20 :4

« A cause du froid, le paresseux ne laboure pas ; A la moisson, il voudrait récolter, mais il n'y a rien »

Proverbes 24 :30-34

« J'ai passé près du champ d'un paresseux, et près de la vigne d'un homme dépourvu de sens. Et voici, les épines y croissaient partout, Les ronces en couvraient la face, et le mur de pierres était écroulé. J'ai regardé attentivement, et j'ai tiré instruction de ce que j'ai vu. Un peu de sommeil, un peu d'assoupissement, un peu croiser les mains pour dormir !... Et la pauvreté te surprendra, comme un rôdeur, Et la disette, comme un homme en armes. »

2). **l'avarice** :

Proverbes 28:27

« Celui qui donne aux pauvres ne sera pas dans le besoin, mais celui qui se bouche les yeux à la misère d'autrui se charge de beaucoup de malédictions »

Luc 12:15-21

« Gardez-vous avec soin de toute avarice (...) »

3). **L'endettement** :

Proverbes 22:7

« Le riche domine sur les pauvres, Et celui qui emprunte est l'esclave de celui qui prête. »

Proverbes 22 :26-27

« Ne sois pas parmi ceux qui prennent des engagements, Parmi ceux qui cautionnent pour des dettes; ***27*** *Si tu n'as pas de quoi payer, Pourquoi voudrais-tu qu'on enlève ton lit de dessous toi? »*

4) **Le non respect des engagements financiers à l'égard de Dieu** :

Ecclésiaste 5:3-6 :

« Lorsque tu fais un vœu à Dieu, ne tarde pas à l'accomplir, car il n'aime pas les hommes stupides. Accomplis le vœu que tu as fait ! Mieux vaut pour toi ne pas faire de vœu plutôt que d'en faire un et de ne pas l'accomplir. Ne permet pas à ta bouche de te faire pécher et ne dis pas devant le serviteur de Dieu que c'est un péché involontaire. Pourquoi Dieu devrait-il s'irriter à cause de tes paroles et détruire le travail de tes mains ! Oui, s'il y'a des absurdités dans un flot de rêves il y'en a aussi dans un flot de paroles. C'est pourquoi, crains Dieu ! »

Proverbes 20:25 :

« C'est un piège pour l'homme que de prendre à la légère un engagement envers Dieu et de ne réfléchir qu'après avoir fait des vœux. »

5) **une mauvaise gestion financière** :

Dieu pose son regard sur notre manière de gérer. Il regarde si nous observons les principes de gestion divine. Au mauvais gestionnaire il enlève, au bon gestionnaire il ajoute.

Matthieu 25 : 27-29 :

« *Il te fallait donc remettre mon argent aux banquiers et à mon retour j'aurais retiré ce qui est à moi avec un intérêt. Prenez lui donc le sac d'argent et donnez-le à celui qui a les dix sacs d'argent. En effet, on donnera à celui qui a et il sera dans l'abondances, mais à celui qui n'a pas on enlèvera même ce qu'il a* »

Les problèmes de dettes bancaires

Penchons nous maintenant sur le fléau qu'est l'endettement bancaire.

La bible nous met en garde contre l'endettement et recommande de ne pas s'endetter. Toutefois, elle n'interdit pas d'être débiteur. Une fois de plus, c'est à nous que revient la responsabilité d'agir avec sagesse et connaissance.

Il y'a une stratégie mise en place par Mammon pour maintenir tout un chacun dans l'esclavagisme financier ; c'est le système de la carte bancaire et du crédit. Cette stratégie incite à la dépense et à l'endettement massif. Ici en occident, 90 % de la population contracte des crédits à la consommation. En effet, il y'a ce que j'appelle le bon crédit (un prêt hypothécaire) et le mauvais crédit qu'est le crédit à la consommation (pour acheter un bien consommable).

La majorité des personnes ignore par quel mécanisme l'argent du crédit atterrit dans leur compte bancaire. Attardons nous à comprendre de la manière la plus simple possible la supercherie bancaire qu'est la création de la monnaie scripturale.

Tout d'abord, On distingue deux types de monnaie ;

a) la monnaie fiduciaire : c'est la pièce et le billet. Cette monnaie ne représente plus que 3% de l'argent en circulation.

b) la monnaie scripturale : c'est l'argent numérique, informatisé (la carte bancaire). Cette monnaie représente 97 % de l'argent en circulation.

La monnaie scripturale est créée par le mécanisme de dettes (crédits). Vous désirez acheter un iphone 10 et empruntez 1000 euro à la banque. Votre banquier derrière son clavier note le montant qui apparaît 'miraculeusement' sur votre compte. C'est la monnaie scripturale. En réalité, elle n'existe pas. Ce sont des chiffres numériques. Votre banquier vous fait ce prêt à un taux grossier de 10%. C'est à dire que vous devez rembourser le 1000 EUR + 10% d'intérêts sur une somme qui au préalable n'existe pas. Si vous décidez de retirer à la banque votre prêt en espèce, vous recevrez la somme dans la masse d'argent circulant de dépôt effectué par les autres clients (il est à noter que les banques commerciales ont peu de pouvoir en ce qui concerne l'impression de la monnaie fiduciaire. Cette activité reste en grande partie le monopole de la banque centrale.)

Vous vous réjouissez de l'achat de votre nouveau Iphone 10 à la mode. Toutefois, il vous faut rembourser à la banque 1100 EUR dans un délai fixé. C'est par votre travail, autrement dit la sueur de votre front que vous remboursez cette somme. Ce mécanisme de spoliation est donc bien rodé ; vous recevez un prêt sur de l'argent qui n'existe pas, créé numériquement. Vous travaillez 35 Heures par semaine, parfois dans des conditions assez difficiles pour enrichir la banque avec intérêt en remboursant votre crédit à la consommation. En réalité il vous donne 0

EUR et vous lui offrez 1100 EUR. La vraie marchandise n'est donc pas l'Iphone 10 mais votre sueur de front. Le débiteur devient par ce mécanisme banquier le vrai produit de consommation.

Vous n'êtes pas sans savoir que le monde est contrôlé par les banques et que 90 % des banques centrales dans le monde appartiennent à une seule famille : Le Rothschild. Le patriarche de cette famille, Mayer Rothschild a dit en son temps:

« *Donnez moi le pouvoir de contrôler la monnaie des Nations et je me fiche bien de qui écrit ses lois* ».

L'histoire nous prouve que ses désirs se sont réalisés, au détriment de monsieur et madame lambda qui subissent les politiques monétaires imposées par les banques.

Ainsi, l'endettement bancaire est devenu la norme sociale. Il est presque impossible de trouver un foyer sans dette. Ce système bien ficelé crée des esclaves financiers.

« *Celui qui emprunte est l'esclave de celui qui prête* » Proverbes 22 :7.

Il en résulte que l'humain devient donc serviteur de banque malgré lui! C'est une ruse machiavélique de Mammon afin de maintenir plusieurs (principalement la classe moyenne et les pauvres) sous une oppression financière (inquiétudes, angoisses, peur du lendemain, menace des huissiers). Les chrétiens ne sont pas épargnés. Les couples se déchirent, les familles se divisent, les églises sont sous pression à cause des crédits impayés etc.

Voyez vous, Vous pouvez être délivré sur le plan spirituel mais esclave dans le domaine financier. Croyez-moi, un chrétien immature vivra sa précarité avec frustration et sa foi finira par faire naufrage.

Quelles solutions pouvons-nous envisager contre cette stratégie bancaire de Mammon ?

La première chose à faire, c'est d'éviter tout crédit à la consommation. Pourquoi prendrez vous un crédit pour l'achat du dernier Smartphone à la mode, écran télévision, etc...?

En ce qui concerne l'achat d'une automobile, il est vrai qu'il existe plusieurs mécanismes qui permettent d'obtenir un crédit à la consommation avec des garanties plus moins intéressantes. Mais là encore, vous devez être certain d'avoir la capacité de payer une assurance Omnium complète (tous risques) pour vous couvrir en cas de dégâts occasionnés par force majeure (incendie , vol etc...). Or, payer une assurance Omnium n'est pas à la portée de tous.

En ce qui concerne le crédit hypothécaire, cela vaut la peine de le contracter. En effet, il est plus intéressant de payer 800 EUR tous les mois pour rembourser votre crédit hypothécaire que de payer un loyer pour une maison qui ne vous appartiendra jamais.

La deuxième solution que l'on peut envisager contre cette stratégie de paupérisation massive et d'enrichissement des plus riches établie par Mammon, c'est de mettre en place notre propre système économique et bancaire. Les musulmans se sont bien organisés dans ce domaine. Si vous parcourez le boulevard Anspach au centre ville de Bruxelles, très vite vous vous rendrez compte du nombre incroyable de commerces et restaurants musulmans. Vous y trouvez également leur propre banque. C'est une forte organisation qui octroie des prêts sans intérêts (l'islam interdit de prêter avec intérêt). Ils ont une grande indépendance financière. Les musulmans ont mis en place une stratégie 'apostolique' commerciale. Ils investissent un secteur géographique et établissement leurs commerces. Ces commerces ne sont pas isolés mais forment un réseau bien établi. Ainsi, les autochtones mangent musulmans, achètent musulmans, et contribuent sans le savoir à la construction des mosquées et à l'avancement progressif de l'islam qui gagne de plus en plus des quartiers.

Considérons l'organisation mise en place par les apôtres au début de l'ère chrétienne ;

Actes 2: 44-45 : « *tout ceux qui croyaient étaient ensemble et ils avaient tout en commun : ils vendaient leurs propriétés et leurs biens et ils partageaient, le produit entre tous, en fonction des besoins.* »

Après l'évangélisation, la seconde priorité pour les apôtres était de mettre en place un système économique pour éradiquer la pauvreté et permettre à chaque croyant d'avoir le nécessaire pour vivre. Ce n'est pas une stratégie communiste. C'était un acte motivé par l'amour et le souci de son frère et sœur dans le besoin. Le partage ne se faisait guère à part égale mais selon les besoins. Ainsi les plus nécessiteux recevaient selon leurs besoins ainsi que le moins nécessiteux. Nous sommes donc loin de l'idéologie véhiculée par le communisme.

Posons nous cette question ; Aujourd'hui, qu'avons nous matériellement en commun ? A mon humble avis, je pense que les chrétiens francophones devraient s'organiser pour créer un système permettant une collaboration. Une entité qui poursuivrait 3 objectifs :

1) Créer un réseau d'entreprises et entrepreneurs chrétiens et assurer la visibilité de ces entreprises ; ce qui permettra de faire circuler l'argent dans le milieu chrétien. Il serait mieux d'aller manger dans un restaurant ou d'acheter ses vêtements dans un magasin tenu par un frère ou une sœur dans le Seigneur pour faire prospérer son activité , le soutenir et garder l'argent dans ce cercle économique comme le font si bien les musulmans que d'enrichir ces derniers. Cela nous permettrait également de mettre en place une stratégie apostolique commerciale pour investir plusieurs secteurs géographiques.

2) Mettre en place un centre de formation pour les futurs entrepreneurs chrétiens afin d'enseigner l'approche pratique mais aussi biblique de l'entreprenariat pour valoriser les principes et les valeurs du royaume de Dieu.

3) Mettre en place un ministère de finance pour l'intérêt général de l'Eglise. Au delà de nos communautés locales, il nous faut viser l'intérêt général de l'Eglise corps du Christ. Par exemple, louer un stade pour faire une conférence de prière ou d'évangélisation est une vision que nombreux partagent. Cela serait certainement une très grande bénédiction pour la

nation. Une telle activité nécessite un minimum d'un million d'euros pour la location du stade sans compter les dépenses relatives aux matériels, à l'organisation etc. A ce jour, il me semble qu'aucune communauté locale dans la francophonie occidentale ne détient à elle seule une telle puissance financière. Des efforts combinés permettront très certainement d'atteindre cet objectif. Chaque communauté locale apportant sa pierre à l'édifice.

Chapitre V
Être chrétien et entrepreneur

Quelle stratégie développer sur le plan personnel pour prospérer financièrement ?

Dans l'évangile de Luc chapitre 5, nous découvrons la merveilleuse histoire de la pêche miraculeuse. Pierre était un entrepreneur. Il n'était pas salarié mais tenait son affaire personnelle. L'intervention de Jésus dans l'entreprise de Pierre démontre que la puissance du Christ n'est pas limitée à la guérison et à la délivrance. Il peut faire tout ce qui nous semble inimaginable même dans l'entrepreneuriat et les finances. La seule condition, c'est de lui donner à l'instar de Pierre notre barque (entreprise) afin que cela serve ses intérêts. Si nous entreprenons pour les intérêts du Royaume de Dieu, nous expérimentons la toute puissance prodigieuse de Jésus-Christ.

Quels sont les avantages de l'entrepreneuriat dans une perspective divine? Voici 4 avantages que je vous énumère avec quelques mots d'explications :

1) L'entrepreneuriat est la solution divine que Élisée donne à la veuve. Après avoir fait le miracle de l'huile, il lui dit de développer un commerce pour payer les créanciers et nourrir sa famille. Nous avons tous quelque chose qui peut sembler insignifiant à nos yeux mais que Dieu peut

utiliser comme un instrument de bénédiction si nous le lui confions avec foi. Cette veuve n'avait qu'un peu d'huile mais entre les mains du Seigneur, le peu est devenu l'abondance. Moïse n'avait qu'un simple bâton, mais entre les mains du Seigneur, le simple bâton devint un instrument pour révéler la toute puissance Divine. Vous vous dites certainement, je n'ai rien d'extraordinaire. Je n'ai que peu des talents. Mon idée est insignifiante. Dorénavant, changez votre dialogue interne, parlez désormais le langage de la foi. Et permettez-moi de vous dire que Dieu se glorifie à partir de ce qui semble insignifiant. Mettez entre ses mains le peu que vous avez, poursuivez des objectifs du royaume du Christ, mettez en pratique les clés de la gestion divine que je vous partagerai ci-après, et vous expérimenterez le miracle de la foi. Foncez, vous pouvez réaliser cette vision !

2) L'entrepreneuriat vous permettra de jouir sans contraintes et restrictions, des bénéfices engendrés par votre activité.

Considérons le cas de Jacob dans Genèse 30 : 27-30 :

« *Laban lui dit ; si seulement je pouvais trouver grâce à tes yeux ! J'ai appris que l'Eternel m'avait béni à cause de toi. Fixe-moi ton salaire et je te le donnerai. Jacob lui dit ; tu sais comment je t'ai servi et ce qu'est devenu ton troupeau avec moi. Le peu que tu possédais avant mon arrivée a beaucoup augmenté et l'Éternel t'a béni sur mes traces. Maintenant, quand pourrai-je travailler pour ma propre famille ?* »

Jacob ne pouvait pleinement bénéficier de la grâce qui était sur lui aussi longtemps qu'il restait salarié chez Laban. Ce dernier profitait de tous les bienfaits que accordait Dieu à Jacob. Savez vous que le salarié travaille pour accomplir la vision de son employeur ? De plus, sa force de travail est déterminée par un salaire fixe tous les mois. Ce salaire pour la majorité des personnes ne dépasse pas 1600 EUR net.

Peut être que cette situation vous accommode. Mais pour Jacob, il n'était plus question de travailler pour le compte d'autrui. Il désirait enfin travailler pour son propre compte ! Il voulait bénéficier directement de la grâce de Dieu qui était sur lui. Pourquoi continuer à enrichir Laban ? Laban représente tous les employeurs qui profitent de leurs salariés. Pour leur portefeuille, ils n'hésitent pas à assommer leurs employés par une charge de travail excessive. Dans cette société capitaliste qui exige le profit au détriment de la santé et du bien être familial et psychologique, les salariés ne sont que des instruments à user.

A ce jour, à qui profite la sueur de votre front ? Pour la plupart des personnes, cela profite aux banques et aux employeurs.

Si comme Jacob, vous décidez de travailler pour votre propre compte, sachez que l'entrepreneur Chrétien qui applique les principes de la gestion financière biblique, pourra bénéficier de l'abondance divine.

La bible donne des promesses concernant le travail. En voici quelques une :

Psaumes 128 : 1-2 :

« ... *Profites alors du travail de tes mains, tu es heureux, tu prospères ...* »

Proverbes 10: 4 : « *celui qui agit avec nonchalance s'appauvrit, mais la main des personnes actives est source de richesse.* »

Deutéronome 28 : 2-12 :

« ...L'Eternel ouvrira son bon trésor, le ciel, pour envoyer au moment voulu la pluie sur ton pays et pour bénir tout le travail de tes mains ... »

Le Seigneur nous promet de prospérer dans notre travail si nous lui sommes fidèles !

Nous pouvons souligner deux autres avantages pour l'entrepreneur :

3) l'entrepreneuriat donne également le privilège d'organiser son emploi du temps en fonction des priorités spirituelles. Vous décidez quand prendre votre pause pour prier et méditer. Ce qui est impossible en tant que salarié. Certes, un entrepreneur doit consacrer beaucoup de son temps pour lancer son activité et la faire prospérer. Mais au delà de ses efforts et capacités, l'onction du saint Esprit qui lui ait accordée par le Seigneur est une source d'exploits. La où , il serait nécessaire de fournir quarante heures de travail à un non croyant pour générer un bénéfice de dix-mille euros, vous fournirez vingt heure pour un bénéfice équivalent ou supérieur grâce à l'onction.

4) le quatrième avantage est que vous pouvez véhiculer au moyen de votre entreprise, les principes et les valeurs du Royaume de Dieu et soutenir efficacement le ministère chrétien par vos dons.

Croyez moi, si vous ne travaillez pas pour accomplir votre rêve, alors vous travaillerez pour accomplir le rêve d'un autre.

Quelques histoires inspirantes

L'entrepreneuriat n'est certes pas un parcours calme et sans contraintes. Il vous faudrait développer une aptitude importante pour tout entrepreneur : la capacité à persévérer.

Considérons quelques histoires dignes d'inspirations :

1. L'histoire de Harland Sanders

Harland Sanders, surnommé colonel Sanders est né en 1890 et a connu une véritable suite d'échecs avant de fonder son entreprise Kentucky Fried Chicken (KFC) qui le rendu milliardaire. Après avoir échoué dans plusieurs emplois, il décida alors de se lancer dans l'entrepreneuriat. La première entreprise qu'il a créée servait à fabriquer des lampes qui fonctionnent au gaz. Mais au même moment, l'Amérique a lancé une campagne d'électrification du pays, si bien que les lampes à gaz ne servaient strictement à rien.

Après ce premier échec dans l'entrepreneuriat, il décide d'ouvrir un restaurant. Ce restaurant fonctionnait très bien jusqu'au jour où une autoroute a été créée devant son entreprise, si bien qu'il perdit sa clientèle. Après avoir fait faillite, il est donc forcé de prendre sa retraite. Il reçut un chèque de 105 dollars de la part du gouvernement pour sa retraite. Que faire avec un si petit montant ? Ruiné et découragé, Harland prit alors la décision de se suicider. Un beau jour ensoleillé, Il s'est assis sous un arbre à écrire son testament, mais soudainement il s'est mis à écrire ce qu'il aurait dû accomplir dans la vie. C'est alors qu'il réalisa qu'il pouvait encore faire quelque chose pour s'en sortir. Ainsi, à 66 ans, le créateur de KFC va prendre la décision de créer une franchise en vendant sa recette de poulet dont lui seul connaît le secret culinaire. Il créa donc une franchise à partir de cette recette et commença à démarcher des restaurants dans toute l'Amérique pour essayer de vendre sa recette et toucher des commissions sur les ventes.

Très matinal, il va sillonner l'Amérique pendant deux ans dans sa vieille voiture n'ayant rien à manger mais grignotant quelques bouchées de poulet qu'il devait faire goûter aux restaurants.

A votre avis, combien de fois le colonel Sanders dut-il essuyer des refus de restaurants avant d'obtenir une réponse favorable ? 1009 fois avant d'entendre le premier oui ! Il a visité 1009 restaurants sur toute l'Amérique est a reçu 1009 refus !

Si nous étions à sa place, que ferions nous après 50 refus ? Après 100 refus ? Après 300 refus, après 700 refus ? Combien de gens à votre avis auraient accepté de se faire dire non 1009 fois pendant deux ans, sans abandonner ? « Suis-je maudit ? Certainement les démons combattent ma carrière, c'est le résultat de la sorcellerie de mes ancêtres ou c'est telle ou telle personne qui me lance des sorts etc... » Nous tirerons hâtivement des conclusions spirituelles à notre défaveur. Nombreux sont ceux qui tomberont dans la déprime et douteront de la fidélité Dieu.

Malgré les nombreux refus, monsieur Sanders, s'évertua à être toujours très matinal et plein d'enthousiasme pour continuer ses démarches. **Il a compris que la seule manière d'échouer c'est d'abandonner.** C'est donc le 1010e restaurant qui lui dit oui, pour sa recette de poulet. Aujourd'hui c'est le très grand KFC. Il devint un septuagénaire multimillionnaire.

2. L'histoire de Jack Mac

Je vous rapporte par écrit ses propres paroles ;

« *J'ai eu beaucoup d'échecs, j'ai raté de drôles de trucs (...) j'ai raté un examen important à l'école primaire 2 fois, et j'ai raté 3 fois celui du collège. Avant de recevoir mon diplôme d'université j'ai échoué pendant 3 ans à l'université. J'ai postulé pour des emplois, 30 fois j'ai été refusé ! J'ai postulé pour la police, nous étions à 5 à postuler, 4 ont été acceptés et moi j'ai été refusé. Ils m'ont simplement dit ; Non vous n'êtes pas bon ! J'ai même postulé pour KFC, quand KFC est arrivé en Chine, nous étions à 24 à avoir postulés, 23 ont été acceptés et j'étais le seul à être refusé ! J'ai voulu entrer à l'université Harvard pour entamer des études et j'ai été refusé 10 fois. (...)*

Il y'a tellement des gens à qui j'ai parlé de mon projet (commerce en ligne) et qui m'ont dit ; c'est l'idée la plus stupide que tu aies jamais eu ! Ils m'ont nommé Jack le fou ! Si tout le monde avait pensé que mon idée était bonne, je n'aurai eu aucune chance. J'ai beaucoup appris du film Forrest Gump. Il est simple et il n'abandonne jamais. Les gens pensent qu'il est bête mais il sait ce qu'il fait. Quand j'ai vu ce film, je me suis dit, je dois m'inspirer de ce mec. Crois en ce que tu fais, Aime ce que tu fais, peu importe si les gens aiment ou n'aiment pas. Reste simple. Il y'a à peu près 15 ans, j'ai dit à mes collègues dans mon appartement ; mes amis, nous devons travailler dur, pas seulement pour nous, si nous pouvons réussir, 80% des jeunes en Chine pourront réussir.

Je n'avais pas un père riche, ni un oncle influent etc..., je n'avais pas un dollar de la banque, ni un centime de l'aide du gouvernement. Aujourd'hui 800 millions de personnes dans le monde utilisent mon idée. »

Jack Ma a lancé en 1999 un site de commerce en ligne à succès, devenu aujourd'hui une grande entreprise cotée en bourse. De 1995 à 1998, il a essuyé deux échecs d'entrepreneuriat sur internet. Mais cela ne l'a pas arrêté ! Dire que c'était un homme qui n'avait aucune connaissance informatique avant 1995 ! Aujourd'hui, il est l'homme le plus riche de la Chine.

Si nous considérons les échecs répétitifs qu'a connus Jack Ma dans son parcours depuis son enfance, nous pouvons conclure que c'est un homme déterminé et qui n'abandonne jamais ! Qu'aurions nous fait à sa place ? Après tant d'échecs scolaires et professionnels, plusieurs chrétiens iront d'église en église pour chercher la délivrance, les impositions des mains, les prophéties, les révélations sur la source de leur blocage, la cure d'âme etc...! Et si on s'inspirait de l'incroyable détermination de Jack Ma et du colonel Sanders !

3) considérons une troisième histoire inspirante : Soichiro Honda.

Soichiro Honda est un homme qui ne s'est pas laissé arrêter par les tragédies et les défis. En 1938, il était un simple et pauvre étudiant qui avait un rêve : « créer un nouveau type de segment de piston pour le vendre à la société Toyota ». Tous les jours, il se rendait aux cours à la fac, et la nuit, il travaillait à concevoir sa machine. Étant pauvre, il investit le peu d'argent qu'il avait dans son rêve, jusqu'à vendre les bijoux de sa femme. Après plusieurs années d'efforts, il parvint à terminer son projet. Lorsqu'il présenta son projet terminé à l'entreprise Toyota, ce dernier refusa de l'acheter. Ces amis et professeurs d'université se moquèrent de lui et lui dirent qu'il était complètement idiot de concevoir un engin aussi ridicule. Malgré cet échec, **il n'abandonna pas** !

Il passa deux ans à réfléchir sur la façon d'améliorer la conception de son segment de piston. Après deux ans de dur labeur, il présenta à nouveau son projet à Toyota et ce dernier finit par le lui acheter. Il décide donc de construire une usine pour fabriquer ses pistons qu'il fournirait à Toyota. Mais à cause de la guerre, il ne pouvait mener son projet à terme. Son rêve paraissait sur le point de s'écrouler. Mais il ne se découragea pas ! Persévérant, il était fermement décidé à construire son usine malgré les obstacles (...). Ce qu'il fit ! Malheureusement, pendant la guerre, les Etats-Unis bombardèrent son usine. Au lieu de s'avouer vaincu, Il réussit par des efforts considérables à la reconstruire. Mais peu de temps après, un tremblement de terre détruit son usine, et il fut obligé de vendre son entreprise de production de segments de piston à Toyota.

La guerre laissa le japon dans une forte précarité. Le chaos régnait partout dans le pays. Au lieu de se sentir vaincu et impuissant, il s'est mis à rechercher une nouvelle idée. C'est alors, qu'il décida de reprendre un moteur d'un petit générateur électrique qu'il greffa sur sa bicyclette. Il créa ainsi la première motocyclette. Il s'en servait pour faire ses déplacements et peu de temps après, ses amis lui passèrent des commandes de motocyclettes. Il décide alors de construire une usine pour en fabriquer. Mais n'ayant guère de ressources financières, il envoya une lettre à tous les propriétaires de magasins de bicyclettes du Japon et leur proposa son innovation, en demandant un financement. Certains acceptèrent de le financer et il put alors fabriquer son premier lot. Pensez vous que le succès fut immédiat ? Pas du tout ! Sa motocyclette connu un échec sur le marché car trop lourde. Une fois de plus, il ne baissa pas les bras, mais décida de réviser son innovation. Il construit alors des motocyclette de plus petites dimensions et plus légères. La nouvelle motocyclette eut un très grand succès sur le marché. Monsieur Honda devint très célèbre et riche. Tout le monde disait qu'il avait eu beaucoup de chance d'avoir eu une si bonne idée. Pensez vous que c'est de la chance ? Moi je ne le pense pas. Aujourd'hui, Honda est une très grande entreprise (auto, moto etc..) cotée en bourse, comptant plus de 100 000 employés. Parce qu'un jour, un homme a refusé d'abandonner et de se laisser vaincre par les difficultés de la vie et de l'entrepreneuriat.

J'aimerai vous dire qu'il n'est jamais trop tard pour commencer ou recommencer. N'abandonnez jamais, peu importe combien cela peut sembler dur ! Certes, cela est difficile mais pas impossible. Les grands entrepreneurs ont tous un point en commun : ils **n'abandonnent jamais. Ils sont très persévérants !** Je crois qu'il y'a un entrepreneur à succès qui sommeille en vous. Inspirez vous de cette persévérance !

La grâce universelle et la grâce spéciale

N'avez vous pas remarqué que les non-croyants et les musulmans sont plus perspicaces dans les affaires financières que les chrétiens francophones ? Pourquoi trouve t-on une telle pénurie d'entrepreneurs à succès dans l'église francophone ?

Jésus dit dans Matthieu *5 :45*, que Dieu fait lever son soleil sur les injustes et sur les justes. Je nomme cela, la grâce universelle. Cette grâce universelle nous donne à tous, la possibilité de réussir sous le soleil.

Peu importe notre couleur de peau, notre appartenance culturelle et ethnique, notre situation géographique etc..., nous pouvons réussir. Certains naissent, certes dans des familles plus aisées, mais cela n'annule en rien la possibilité de réussite pour ceux qui viennent de familles plus pauvres. Il nous incombe de comprendre les lois qui régissent cette grâce universelle. En effet, si un non-croyant ou un croyant sèment sur une terre fertile, les deux moissonneront. La pluie ne fera guère de distinction entre le champ agricole d'un croyant, d'un athée, ou d'un musulman. C'est la grâce universelle. Ainsi, quiconque met en pratique la loi de la semence récoltera le salaire de son travail.

Quelle loi opérant sous la grâce universelle nos 3 riches entrepreneurs ont mise en pratique ? La loi de la persévérance ! C'est une loi universelle. Ainsi, avec la persévérance, un chrétien a autant de chances de réussite dans l'entrepreneuriat qu'un non-croyant, un colonel Sanders, un Jack Ma ou un Soichiro Honda.

Ce qui fait défaut à cette génération chrétienne, c'est de croire que le ministère se résume à devenir pasteur, prophète, apôtre etc. Il existe une variété de services au sein de l'église. Vous pouvez être appelé à devenir très riche pour soutenir financièrement l'église (c'est un ministère de libéralité). Nous voyons dans le ministère du Christ, des femmes fortunées qui le soutenaient avec leurs biens (Luc 8.2-3). De même, Gaius dans 3 jean 1 :1-6, était un homme fortuné qui soutenait matériellement l'église.

Croyez en vos rêves, cherchez avec l'aide de la prière, des idées originales, formez vous correctement et persévérez malgré les défis. Confiez vous au Saint Esprit et ne soyez pas dispersés. Focalisez vous sur vos objectifs avec détermination. Ainsi, vous pouvez devenir cet homme ou cette femme dont votre église locale a besoin.

A la différence de non-croyants, le chrétien a, en outre de la grâce universelle, la grâce spéciale. Nous voyons cette grâce spéciale opérer dans la vie de Joseph, d'Isaac et de Jacob. La grâce spéciale nous apporte l'onction divine pour l'entrepreneuriat. Elle est activée par notre vie d'obéissance à la parole de Dieu.

Le Psaume 1 déclare :

« *Heureux l'homme qui ne marche pas selon le conseil des méchants, Qui ne s'arrête pas sur la voie des pécheurs, Et qui ne s'assied pas en compagnie des moqueurs,* ***2*** *Mais qui trouve son plaisir dans la loi de l'Eternel, Et qui la médite jour et nuit !* ***3*** *Il est comme un arbre planté près d'un courant d'eau, Qui donne son fruit en sa saison, Et dont le feuillage ne se flétrit point:* ***Tout ce qu'il fait lui réussit.*** »

Illustrons cette grâce spéciale par l'histoire d'Isaac :

Genèse 26 : 1-22

« *1. Il y eut une famine dans le pays, outre la première famine qui eut lieu du temps d'Abraham; et Isaac alla vers Abimélec, roi des Philistins, à Guérar. 2 L'Eternel lui apparut, et dit : Ne descends pas en Egypte, demeure dans le pays que je te dirai. 3 Séjourne dans ce pays-ci : je serai avec toi, et je te bénirai, (...) 12 Isaac sema dans ce pays, et il recueillit cette année le centuple; car l'Eternel le bénit. 13 Cet homme devint riche, et il alla s'enrichissant de plus en plus, jusqu'à ce qu'il devint fort riche. (...) 15 Tous les puits qu'avaient creusés les serviteurs de son père, du temps d'Abraham, son père, les Philistins les comblèrent et les remplirent de poussière. 16 Et Abimélec dit à Isaac : Va-t-en de chez nous, car tu es beaucoup plus puissant que nous. 17 Isaac partit de là, et campa dans la vallée de Guérar, où il s'établit.*

18 Isaac creusa de nouveau les puits d'eau qu'on avait creusés du temps d'Abraham, son père, et qu'avaient comblés les Philistins après la mort d'Abraham; et il leur donna les mêmes noms que son père leur avait donnés. 19 Les serviteurs d'Isaac creusèrent encore dans la vallée, et y trouvèrent un puits d'eau vive. 20 Les bergers de Guérar querellèrent les bergers d'Isaac, en disant : L'eau est à nous. Et il donna au puits le nom d'Esek, parce qu'ils s'étaient disputés avec lui. 21 Ses serviteurs creusèrent un autre puits, au sujet duquel on chercha aussi une querelle; et il l'appela Sitna. 22 Il se transporta de là, et creusa un autre puits, pour lequel on ne chercha pas querelle; et il l'appela Rehoboth, car, dit-il, l'Eternel nous a maintenant mis au large, et nous prospérerons dans le pays. »

La famine dévore le pays. Le peuple descend en Egypte pour fuir la crise économique. Mais Dieu interdit Isaac de faire de même. Sachant qu'en Egypte il y'a l'abondance, Isaac fait face à un vrai dilemme ; obéir à Dieu et rester dans un environnement pauvre ou partir pour survivre. Jadis, l'économie était basée sur l'agriculture et l'élevage. La famine est donc la conséquence d'une terre desséchée et devenue infertile. Dans ce contexte difficile, Isaac choisit d'obéir à la parole de Dieu.

Il sema par la foi dans une terre infertile et recueillit en une année le centuple de ses semences, car l'Eternel le bénit. C'est la grâce spéciale. La où la grâce universelle trouve ses limites, commence la grâce spéciale. Notons que la véritable semence qui a rendue Isaac aussi riche et puissant, c'est la parole de Dieu. Ainsi, l'obéissance à la parole de Dieu confère aux chrétiens, une grâce que les incroyants ne peuvent avoir. La où le commun des mortels échoue lamentablement, l'enfant de Dieu réussit !

Notons également que Dieu n'a pas dit à Isaac de semer ! Dieu lui dit de rester. Isaac obéit promptement à cette recommandation et décide de semer de son propre chef malgré un environnement défavorable. Il met sa foi en action.

Comme Isaac, osez poser des actions par la foi en demeurant dans l'obéissance à la parole de Dieu. Sa parole est la semence qui vous fera réussir même dans le milieu le plus difficile. Cette parole doit être fertile en vous, avant de rendre vos entreprises fertiles !

Toutefois, la vie d'Isaac ne fut guère exempte d'épreuves et de défis. Les philistins devinrent jaloux et combattirent contre ses entreprises ; ils bouchèrent ses puits.

Le Roi Abimelek décida même de le chasser car il était devenu trop riche et puissant. En homme paisible et déterminé, il n'entra pas en conflit avec ses adversaires mais décida tout simplement de se déplacer et de creuser d'autres puits. Toutefois, les habitants de ces contrés continuèrent à boucher ses puits. Persévérant dans ses entreprises, il creuse un puits qu'il nomma Rehoboth (large espace). Ce dernier puits ne sera pas bouché par ses détracteurs. La bonne attitude et la persévérance d'Isaac dans ses entreprises ont porté du fruit.

Posons nous cette question : pourquoi Isaac reste-t-il paisible devant toutes ses adversités et continue - t-il à persévérer? Parce qu'il a compris que la faveur de Dieu n'est pas premièrement sur ses champs, sur ses bétails ou sur ses puits mais sur sa personne! La semence de la prospérité est en lui ; c'est la parole de Dieu. Puisqu'il est béni, tout ce qu'il fait est béni. Les Philistins peuvent boucher ses puits, combattre ses entreprises, cela ne le déstabilise guère car c'est sa personne qui est porteuse de bénédiction! Lorsque vous comprenez cela, vous avez l'assurance que vous pouvez recommencer avec succès et vous ne tombez pas dans le piège de l'amertume ou des querelles avec ceux qui vous combattent, de peur de perdre la grâce ! A l'instar d'Isaac, vous êtes un homme (une femme) béni. Même si les oppositions se lèvent, gardez votre paix, continuez et vous connaîtrez le succès ! Faites confiance à Dieu, car même si le pays dans lequel vous vous trouvez n'offre pas des possibilités de succès, avec Christ, tout est possible.

Quelques avertissements

Comme nous l'avons expliqué dans l'introduction de ce livre, devenir riche n'est pas exempt de dangers pour notre marche avec Dieu. Voici quelques versets à considérer sérieusement (cette liste n'est pas exhaustive):

Deutéronome 8:17-18

« Garde-toi de dire en ton cœur: ma force et la puissance de ma main m'ont acquis ces richesses. Souviens-toi de l'Éternel, ton Dieu, car c'est lui qui te donnera de la force pour les acquérir, afin de confirmer, comme il le fait aujourd'hui, son alliance qu'il a jurée à tes pères. »

Jérémie 9:23-24

« Ainsi parle l'Éternel: que le sage ne se glorifie pas de sa sagesse, que le fort ne se glorifie pas de sa force, que le riche ne se glorifie pas de sa richesse. Mais que celui qui veut se glorifier se glorifie d'avoir de l'intelligence et de me connaître, de

savoir que je suis l'Éternel, qui exerce la bonté, le droit et la justice sur la terre; car c'est à cela que je prends plaisir, dit l'Éternel. »

Proverbes 10 :2

« Des biens mal acquis ne profitent pas, mais mener une vie juste sauve de la mort. »

Proverbes 11:28

« Celui qui se confie dans ses richesses tombera, mais les justes verdiront comme le feuillage. »

Proverbes 28:6

« Mieux vaut le pauvre qui marche dans son intégrité, que celui qui a des voies tortueuses et qui est riche. »

Psaumes 62 : 11

« (...) Quand les richesses s'accroissent, n'y attachez pas votre cœur »

Matthieu 6 : 19-21

« Ne vous amassez pas des richesses sur la terre où elles sont à la merci de la rouille, des mites qui rongent, ou des cambrioleurs qui percent les murs pour voler. Amassez-vous plutôt des trésors dans le ciel, où il n'y a ni rouille, ni mites qui rongent, ni cambrioleurs qui percent les murs pour voler. Car là où est ton trésor, là sera aussi ton cœur. »

Matthieu 19:23-26

« Jésus dit à ses disciples: Je vous le dis en vérité, un riche entrera difficilement dans le royaume des cieux. Je vous le dis encore, il est plus facile à un

chameau de passer par le trou d'une aiguille qu'à un riche d'entrer dans le royaume de Dieu. Les disciples, ayant entendu cela, furent très étonnés, et dirent: Qui peut donc être sauvé? Jésus les regarda, et leur dit: Aux hommes cela est impossible, mais à Dieu tout est possible. »

Luc 12:16-21

« Et il leur dit cette parabole: Les terres d'un homme riche avaient beaucoup rapporté. Et il raisonnait en lui-même, disant: Que ferai-je? Car je n'ai pas de place pour serrer ma récolte. Voici, dit-il, ce que je ferai: j'abattrai mes greniers, j'en bâtirai de plus grands, j'y amasserai toute ma récolte et tous mes biens et je dirai à mon âme: Mon âme, tu as beaucoup de biens en réserve pour plusieurs années; repose-toi, mange, bois, et réjouis-toi. Mais Dieu lui dit: Insensé! Cette nuit même ton âme te sera redemandée; et ce que tu as préparé, pour qui cela sera-t-il? Il en est ainsi de celui qui amasse des trésors pour lui-même, et qui n'est pas riche pour Dieu. »

Matthieu 13:22

« Celui qui a reçu la semence parmi les épines, c'est celui qui entend la parole, mais en qui les soucis du siècle et la séduction des richesses étouffent cette parole, et la rendent infructueuse. »

1 Timothée 6 :17-19

« Recommande aux riches du présent siècle de ne pas être orgueilleux, et de ne pas mettre leur espérance dans des richesses incertaines, mais de la mettre en Dieu, qui nous donne avec abondance toutes choses pour que nous en jouissions. Recommande-leur de faire du bien, d'être riches en bonnes œuvres, d'avoir de la libéralité, de la générosité, et de s'amasser ainsi pour l'avenir un trésor placé sur un fondement solide, afin de saisir la vie véritable. »

Un chrétien doit-il absolument devenir financièrement riche ?

2 corinthiens 8 :9 déclare :

« *Car vous connaissez la grâce de notre Seigneur Jésus-Christ, qui pour vous s'est fait pauvre, de riche qu'il était, afin que par sa pauvreté vous fussiez enrichis.* »

Ce verset est prisé des prédicateurs de l'évangile de la prospérité. Ils soutiennent leur doctrine en justifiant leurs arguments sur base de ces paroles de l'apôtre Paul. Le chrétien, disent-ils, doit devenir financièrement riche, car Christ s'est fait pauvre pour nous enrichir.

Analysons le contexte pour comprendre la pensée initiale de l'auteur. Pour ce faire, je vous invite à lire le chapitre 8 : du verset 1 au verset 15 :

« 1 *Par ailleurs, frères et sœurs, nous vous faisons connaître la grâce que Dieu a accordée aux Églises de la Macédoine: 2 au milieu même de la grande épreuve de leur souffrance,* ***leur joie débordante et leur pauvreté profonde les ont conduits à faire preuve d'une très grande générosité.*** *3* ***Je l'atteste, ils ont donné volontairement selon leurs moyens, et même au-delà de leurs moyens****, 4 et c'est avec beaucoup d'insistance qu'ils nous ont demandé la grâce de prendre part à ce service en faveur des saints. 5 Ils ont fait plus que ce que nous espérions, car ils se sont d'abord donnés eux-mêmes au Seigneur, puis à nous, par la volonté de Dieu.*

6 Nous avons donc encouragé Tite à parachever, chez vous aussi, ce geste de générosité, comme il l'avait d'ailleurs commencé. ***7 De votre côté, vous avez tout en abondance: la foi, la parole, la connaissance, le zèle à tout point de vue et l'amour pour nous. Faites en sorte que la même abondance se manifeste dans cet acte de***

grâce. *8 Je ne dis pas cela pour donner un ordre, mais pour éprouver la sincérité de votre amour par l'exemple du zèle des autres.* ***9 En effet, vous connaissez la grâce de notre Seigneur Jésus-Christ: pour vous il s'est fait pauvre alors qu'il était riche, afin que par sa pauvreté vous soyez enrichis.***

10 C'est un avis que je donne à ce sujet et c'est ce qui vous convient, puisque dès l'année dernière vous avez été les premiers non seulement à faire une collecte, mais aussi à la vouloir. 11 Menez-la donc maintenant à bien afin que sa réalisation corresponde, en fonction de vos moyens, à l'empressement que vous avez mis à la vouloir. 12 Quand la bonne volonté existe, on est bien accueilli en fonction de ce que l'on a, et non de ce que l'on n'a pas. 13 En effet, ***il ne s'agit pas de vous exposer à la détresse pour en soulager d'autres, mais de suivre un principe d'égalité: 14 dans les circonstances actuelles votre abondance pourvoira à leurs besoins, afin que leur abondance aussi pourvoit à vos besoins.*** *C'est ainsi qu'il y aura égalité, 15 conformément à ce qui est écrit: Celui qui avait ramassé beaucoup n'avait rien de trop et celui qui avait ramassé peu ne manquait de rien. »*

Paul organise une collecte de fonds pour l'église de Jérusalem. Il invite donc les corinthiens à participer. Pour les encourager, il donne en exemple les chrétiens de la Macédoine qui malgré leur très grande pauvreté ont donné généreusement ! (2 corinthiens : 8 :2-3)

A ce stade de notre analyse contextuelle, le verset (9) cité ci haut contredit radicalement la réalité des chrétiens Macédoniens. Etant donné que Christ s'est fait pauvre pour que nous soyons riches, pourquoi ces chrétiens sont-ils extrêmement pauvres ? Paul aurait-il l'audace en quelques lignes de se contredire à ce point ? Ou cette richesse dont il parle exprime t-elle autre chose ?

Dans le verset (7) il dit :

« *De votre côté,* ***vous avez tout en abondance*** ***: la foi, la parole, la connaissance, le zèle à tout point de vue et l'amour pour nous.*** *Faites en sorte que la même abondance, se manifeste dans cet acte de grâce.* » Version Segond 21

La version semeur rend le verset 7 de 2 corinthiens 8 ainsi :

« ***Vous êtes riches dans tous les domaines, qu'il s'agisse de la foi, de la parole ou de la connaissance, du zèle en toutes choses ou de l'amour*** *qui, de nos cœurs, a gagné les vôtres ; cherchez donc aussi à exceller dans cette œuvre de générosité.* »

Voici donc, un premier indice de cette richesse mentionnée dans le verset (9). Les corinthiens sont riches en la foi, la connaissance (de Dieu), le zèle à tout point de vue et l'amour. Par conséquent, l'apôtre les invite à manifester la même abondance (richesse) dans la libéralité. Cette richesse est donc la prospérité de l'âme qui résulte de la connaissance du Christ.

Nous retrouvons un deuxième indice dans Jacques 2 : 5 :

« *Ecoutez, mes frères bien-aimés:* ***Dieu n'a-t-il pas choisi les pauvres aux yeux du monde, pour qu'ils soient riches en la foi, et héritiers du royaume*** *qu'il a promis à ceux qui l'aiment?* »

Maintenant, découvrons la place de ce verset (9) dans l'ensemble contextuel :

Jésus-Christ était certes riche, puisqu'il possédait toute la gloire avant sa venue au monde comme fils de l'homme. Il a délaissé sa position de gloire et est descendu vivra parmi les hommes dans cette position de pauvreté. En effet, le Seigneur a accepté de se dépouiller de toute sa gloire céleste pour nous enrichir de la foi, de la connaissance de Dieu, de l'amour, du salut, de l'héritage céleste etc...

Paul invite donc les corinthiens à prendre exemple sur Christ, qui pour notre bien être spirituel, c'est dépouillé de sa gloire. Se faisant ainsi pauvre au point même de recevoir l'aide matérielle pour son ministère (Luc 8 :3). De même, l'église de Corinthe est invitée à donner pour le bien être matériel de l'église de Jérusalem. Toutefois, Paul tient à clarifier sa demande afin d'éviter toute incompréhension ;

« *(13) En effet, Il ne s'agit pas de vous exposer à la détresse pour en soulager d'autres, mais de suivre un principe d'égalité: (14) dans les circonstances actuelles votre abondance pourvoira à leurs besoins, afin que leur abondance aussi pourvoit à vos besoins.* »

L'objectif qu'il poursuit n'est pas de les dépouiller pour enrichir l'église de Jérusalem, mais de suivre un principe d'égalité : leur abondance en libéralité pourvoira aux besoins matériels de l'église de Jérusalem. Aussi, l'abondance de l'église de Jérusalem pourvoira aux besoins de l'église de Corinthe. L'apôtre ne nous explique pas en quoi consiste l'abondance de l'église de Jérusalem. Nous pouvons toutefois émettre une hypothèse : leur futur abondance matérielle pourvoira aux besoins futurs des corinthiens. C'est ainsi que la version Semeur exprime le verset (14) : « *Dans la circonstance présente, par votre superflu, vous pouvez venir en aide à ceux qui sont dans le besoin. Aussi, par leur superflu, ils pourront un jour subvenir à vos besoins.* »

Que pouvons nous conclure ? Une étude sérieuse de la parole de Dieu nous donne une compréhension sérieuse des écritures. Il n'est donc pas question d'un Christ qui s'est rendu matériellement pauvre pour nous rendre financièrement riche. Les riches, il en existait en Israël et dans le monde entier bien avant la venue de Jésus Christ et il en existe encore aujourd'hui sans Christ.

Quid de Marc 10 : 29- 30 ?

« *Jésus répondit: Je vous le dis en vérité, il n'est personne qui, ayant quitté, à cause de moi et à cause de la bonne nouvelle, sa maison, ou ses frères, ou ses sœurs, ou sa mère, ou son père, ou ses enfants, ou ses terres, ne reçoive au centuple, présentement dans ce siècle-ci, des maisons, des frères, des sœurs, des mères, des enfants, et des terres, avec des persécutions, et, dans le siècle à venir, la vie éternelle* »

Voici donc un passage qui sans ambigüité promet une abondance terrestre et céleste. C'est la réponse de Jésus – Christ à Pierre (Marc : 10 :28). Après avoir souligné que c'est plus facile à un chameau de passer par le trou d'une aiguille qu'à un riche d'entrer dans le royaume de Dieu (Marc 10 :25), Jésus assure à ses disciples qui ont tout abandonné pour le suivre qu'ils recevront tout au centuple dans cette vie ainsi que la vie éternelle.

En toute logique, cette parole du Christ doit s'accomplir dans la vie de Pierre, Jean, Matthieu, Barthelemy et tous les autres apôtres et disciples. Avons nous des passages bibliques qui prouvent que Pierre, Jean ou Jacques sont devenus propriétaires de plusieurs maisons et terres, frères, fils et pères pour plusieurs ? Les seuls versets qui confirment la réalisation de cette promesse se trouvent dans Acte 2 : 44-45 que nous avons précédemment cités :

« *Tous ceux qui croyaient étaient dans le même lieu, et ils avaient tout en commun. Ils vendaient leurs propriétés et leurs biens, et ils en partageaient le produit entre tous, selon les besoins de chacun.* »

Par cette stratégie économique mise en place, il n'y avait plus d'indigène au sein de la communauté naissante. Les biens étaient mis en commun. L'argent était partagé à tous et la solidarité était de mise. La communauté comptée plusieurs frères, sœurs, mères et fils. C'était une vraie famille unie dans l'amour. Personne ne pouvait souffrir de la solitude. Par l'évangélisation, la famille ne cessait de s'agrandir. Le nouveau membre de cette famille croissante mettait à disposition leurs richesses et maisons pour le bien de tous. La maison de l'un était la maison de l'autre. L'hospitalité y régnait. Il ne pouvait avoir de l'égoïsme. Effectivement, les disciples ont donc expérimenté la réalisation de la promesse du Christ.

Lorsque l'on lit la bible avec un cœur cupide, on cherche des interprétations qui nous confortent dans notre recherche de gains. Certes, Dieu peut rendre un disciple très riche pour son œuvre, mais être chrétien ne veut pas dire que vous deviendrez riche. La vraie richesse c'est Christ en nous, notre foi et l'héritage qu'il nous réserve dans l'Éternité. Là où la teigne et la rouille ne détruisent point, et où les voleurs ne percent ni ne dérobent (Matthieu 6 :26).

Si vous apprenez le contentement et mettez en pratique la gestion financière biblique (voir Chapitre 7), le Seigneur ne vous abandonnera, ni ne vous délaissera. Toutefois, cela ne veut pas dire que vous serez exempts d'épreuves financières (Voir Chapitre 8). L'église de Jérusalem qui à sa naissance ne comptait aucun pauvre, traversera donc un moment de crise financière qui nécessitera l'intervention des frères Macédoniens et Corinthiens.

Chapitre VI. La gestion financière biblique.

A présent, considérons la gestion financière biblique.

Pour un particulier, la gestion financière consiste à équilibrer ses dépenses et ses recettes, à épargner et à surveiller son compte en banque. A travers son comportement quotidien, l'homme applique une gestion financière égoïste. L'égoïsme étant un tempérament qui consiste, dans une définition populaire, à avoir tendance à privilégier son intérêt propre aux dépens de celui du reste du monde en général, ou d'autrui en particulier. C'est également le fait d'attendre une contrepartie quand on fait quelque chose pour quelqu'un d'autre. Comment ne pas devenir égoïste dans une société basée sur l'individualisme avec tout ce matraquage de pubs à la télé qui encourage la radinerie, la jalousie, l'envie et la comparaison.

Si il y'a bien des individus qui pratiquent une gestion financière égoïste, ce n'est pas le propre du chrétien. Sans négliger la bonne gestion de ses dépenses, ses recettes et l'épargne, la gestion financière biblique met en évidence la libéralité.

La libéralité est la disposition à donner largement. C'est un acte par lequel quelqu'un procure à autrui un avantage sans contrepartie.

Découvrons les 4 principes de la gestion financière biblique :

Premier principe : l'aumône

Proverbes 19:17

« *Celui qui a pitié du pauvre prête à l'Eternel, Qui lui rendra selon son œuvre.* »

Proverbes 28:27

« *Celui qui donne au pauvre ne connaît pas la misère, mais ceux qui fuient son regard sont chargés de malédiction.* »

Psaumes 41:1

« *Heureux celui qui s'intéresse au pauvre! Au jour du malheur l'Eternel le délivre!* »

Actes 20 :35 :

« *Je vous ai montré de toutes manières que c'est en travaillant ainsi qu'il faut soutenir les faibles, et se rappeler les paroles du Seigneur, qui a dit lui-même: Il y a plus de bonheur à donner qu'à recevoir.* »

Éphésiens 4 : 28

« *Que celui qui dérobait ne dérobe plus; mais plutôt qu'il travaille, en faisant de ses mains ce qui est bien, pour avoir de quoi donner à celui qui est dans le besoin.* »

La gestion financière biblique ne consiste donc pas à amasser des richesses pour soi mais à exercer la libéralité. La conséquence directe est que le Seigneur ne nous délaissera pas dans la disette. Cette libéralité est la condition obligatoire pour la réalisation des promesses des Psaumes 34 :10 et 37 :25.

Proverbes 11 : 25
« *L'âme généreuse sera comblée, celui qui arrose sera lui même arrosé.* »

La libéralité a également un impact dans l'éternité. Nous découvrons cela dans Matthieu 19:21:
« *Jésus lui dit : si tu veux être parfait, va, vends ce que tu as, et le donne aux pauvres, et tu auras un trésor dans le ciel; puis viens, et suis moi* »
En effet, celui qui donne aux pauvres, épargne dans un « compte bancaire » céleste. Il se prépare un trésor dans le ciel, une récompense céleste que le Seigneur lui donnera à cause de ses bonnes œuvres.

La prospérité du chrétien est donc le résultat d'un cœur qui donne abondamment. La motivation de ces dons est l'amour. L'apôtre Paul nous dit dans 1 corinthiens 13 : 3 :
« *Et si je distribue tous mes biens aux pauvres ... mais que je n'ai pas l'amour, cela ne sert à rien* »

Il est possible de distribuer comme les pharisiens ses biens aux pauvres sans amour. Ils avaient pour seul but les acclamations et les honneurs des hommes. Mais Dieu qui sonde les cœurs, nous récompense selon notre réelle motivation.

J'aimerai, maintenant vous partager le secret du transfert des richesses :

Lorsque Israël est sorti de l'Égypte, Dieu donne une recommandation aux israélites et aux égyptiens que nous trouvons dans Exodes 12 : 35-36 :

« *Les israélites se conformèrent aux indications de Moise et demandèrent aux égyptiens des objets en argent et en or ainsi que des vêtements. L'Eternel gagna au peuple la faveur des égyptiens, qui répondirent positivement à leur demande. Ils dépouillèrent ainsi les égyptiens.* »

Il y'a un transfert des richesses de l'Égypte vers Israël. Ces richesses serviront également à la construction du tabernacle dans le désert.

Exode 25 : 1 « *L'Eternel dit à Moïse ; ordonne aux israélites de m'apporter une offrande. Vous la recevrez pour moi de tout homme qui la fera de bon cœur. Voici ce que vous recevrez d'eux en offrande : de l'or, de l'argent et du bronze.... ils me feront un sanctuaire et j'habiterai au milieu d'eux* »

Pouvons-nous expérimenter un transfert de richesse des banques vers les chrétiens (l'église) ? Cela est possible. La bible nous donne une clé qui permet ce transfert :

Considérons, Proverbes 13: 22:

« *L'homme de bien laisse un héritage aux enfants de ses enfants,* ***tandis que les richesses du pécheur sont en réserve pour le juste.*** »

Le pécheur amasse donc ses richesses pour le juste. Mais que doit faire le juste pour saisir ces richesses ? La réponse se trouve dans Proverbes 28:8 :

« Celui qui augmente ses biens à l'aide de l'intérêt et taux excessifs les amasses pour ***celui qui fait grâce aux plus faibles*** *»*

Les banquiers amassent les richesses pour le juste qui fait grâce aux faibles.

Voici donc la clé pour le transfert des richesses : faire grâce aux plus faibles. C'est à dire exercer la libéralité à l'égard des pauvres :

« L'âme généreuse sera comblée, celui qui arrose sera lui même arrosé. » Proverbes 11 : 25.

Toutefois, Il est important de se rappeler que la bienfaisance se pratique avec discrétion.

Jésus dit dans Matthieu 6 :3 ;

« Mais quand tu fais l'aumône, que ta main gauche ne sache pas ce que fait ta droite, afin que ton aumône se fasse en secret; et ton Père, qui voit dans le secret, te le rendra.»

Aujourd'hui, les réseaux sociaux favorisent un pharisaïsme subtil. L'aumône devient une pratique dont on exhibe les vidéos et photos sur Facebook, Youtube etc.... Avons nous oubliez cette recommandation du Christ ?

« Lors donc que tu fais l'aumône, ne sonne pas de la trompette devant toi, comme font les hypocrites dans les synagogues et dans les rues, afin d'être glorifiés par les hommes. Je vous le dis en vérité, ils reçoivent leur récompense. » Matthieu 6 :2

Deuxième principe : les offrandes.

Considérons le livre d'Aggée chapitre 1 : 2-11

« *Voici ce que dit l'Eternel, le maître de l'univers: Ce peuple prétend: 'Il n'est pas encore venu, le moment de reconstruire la maison de l'Eternel.' 3 Et pourtant, la parole de l'Eternel leur était adressée par l'intermédiaire du prophète Aggée: 4 Est-ce le moment pour vous d'habiter vos maisons lambrissées, quand ce temple est détruit?'*

5 »Voici ce que dit maintenant l'Eternel, le maître de l'univers: Réfléchissez attentivement à votre conduite! 6 ***Vous semez beaucoup et vous récoltez peu; vous mangez et vous n'êtes pas rassasiés; vous buvez et vous n'êtes pas désaltérés; vous êtes habillés et vous n'avez pas chaud; le salaire de celui qui travaille tombe dans un sac percé.***

7 »Voici ce que dit l'Eternel, le maître de l'univers: Réfléchissez attentivement à votre conduite! 8 Montez sur la montagne, apportez du bois et construisez le temple! J'en aurai de la joie et je serai honoré, dit l'Eternel. 9 Vous comptiez sur beaucoup, et vous avez eu peu; vous l'avez rentré chez vous, mais j'ai soufflé dessus. Pourquoi? Déclare l'Eternel, le maître de l'univers. ***A cause de ma maison qui est détruite, tandis que vous vous empressez chacun pour votre maison. 10 Voilà pourquoi le ciel a retenu la rosée, et la terre ses produits.*** *11 J'ai appelé la sécheresse sur le pays, sur les montagnes, sur le blé, sur le vin nouveau, sur l'huile, sur les produits du sol, sur les hommes et sur les bêtes, sur tout le travail de vos mains.* »

Le peuple ne considère guère la reconstruction du temple détruit par Nebucanetsar en 586 avant JC. Le royaume de Babylone a été vaincu par les médo perses conformément à la prophétie de Daniel. Cyrus, le nouveau roi autorise les juifs déportés en Babylonie par Nebucanetsar de retourner à Jérusalem et de reconstruire le temple. Une fois à Jérusalem, le peuple néglige la priorité qu'est la reconstruction du temple et préfère s'occuper de sa prospérité matérielle. Ils se construisent de belles maisons mais la maison de Dieu reste dans la ruine. Dieu suscite deux prophètes, Aggée et Zacharie pour encourager le peuple à reprendre la construction du temple. Par Aggée, le Seigneur fait comprendre à son peuple qu'il est l'auteur de la sécheresse qui frappe le pays parce qu'ils négligent son œuvre ; « *vous semez beaucoup et vous récoltez peu, vous mangez et vous n'êtes pas rassasiés (.), le salaire de celui qui travaille tombe dans un sac percé...* »

Sur base de ces paroles, le peuple reprendra la reconstruction du temple, « ***le vingt-quatrième jour du sixième mois*** (...) » Aggée 1 :14-15

« (...) Ils vinrent et ils se mirent à l'œuvre dans la maison de l'Eternel, le maître de l'univers, leur Dieu, ***15 le vingt-quatrième jour du sixième mois****, la deuxième année du règne de Darius. »*

Le vingt quatrième jour du neuvième mois, Dieu va parler par l'intermédiaire de son serviteur et va promettre la bénédiction matérielle parce qu'ils ont obéi à l'ordonnance et commencent à s'occuper de son œuvre.

Aggée 2 :18-19 *« Réfléchissez attentivement à ce qui va se produire dès aujourd'hui, dès* ***le vingt-quatrième jour du neuvième mois****, dès le jour de la* *fondation du temple de l'Eternel! Réfléchissez-y attentivement!* **19** *Y avait-il encore de la semence dans les greniers? Même la vigne, le figuier, le grenadier et l'olivier n'ont rien rapporté, mais dès aujourd'hui, je bénirai.»*

Il s'est donc passé très exactement trois mois entre la reprise du travail de reconstruction du temple et l'intervention divine pour bénir matériellement le peuple. Cela veut dire que, pendant, trois mois, malgré qu'ils aient obéi, ils ont continué à connaître la disette. Pourquoi Dieu attend t-il trois mois avant de bénir ? Certainement pour voir la persévérance dans l'obéissance du peuple et pour sonder l'état de leur cœur. Continuerons-t-ils à soutenir matériellement l'œuvre de Dieu même s'ils ne voient pas de bénédiction en retour ? Ainsi, leur persévérance malgré l'épreuve aura pour résultat la libération de la prospérité matérielle.

Avez-vous pour priorité les offrandes pour l'avancement matériel de l'œuvre de Dieu ou votre propre prospérité ?

Serez-vous prêts à donner abondamment mais en retour ne rien recevoir ? En dépit de cela, continuer à donner ?

Beaucoup arrête de soutenir financièrement l'église parce qu'ils ne voient pas la bénédiction ! Souvenez-vous de deux choses : premièrement, il faut donner d'une manière désintéressée et deuxièmement, la priorité de notre foi doit être la récompense céleste. Il n'en demeure pas moins que la bénédiction matérielle nous sera également accordée au temps convenable. Il faut laisser la semence germer, grandir et porter des fruits. Cela certes, peut prendre un peu de temps, mais ayons foi en Dieu. Nous devons faire preuve de persévérance dans le soutien que nous apportons à l'église. N'oubliez pas que c'est la réelle motivation de notre cœur que Dieu récompense. C'est un cœur qui donne par amour pour son œuvre qui sera récompensé. Si vous êtes incapables de faire des sacrifices financiers pour l'église, cela veut dire que votre bonheur est attaché à votre compte en banque !

2 Corinthiens 9 :7 déclare ;

« 6 Sachez-le, celui qui sème peu moissonnera peu, et celui qui sème abondamment moissonnera abondamment. 7 Que chacun donne comme il l'a résolu en son coeur, sans tristesse ni contrainte; car Dieu aime celui qui donne avec joie. 8 Et Dieu peut vous combler de toutes sortes de grâces, afin que, possédant toujours en toutes choses de quoi satisfaire à tous vos besoins, vous ayez encore en abondance pour toute bonne oeuvre, 9 selon qu'il est écrit : Il a fait des largesses, il a donné aux indigents; Sa justice subsiste à jamais. »

Voulez vous savoir quel est votre véritablement centre d'intérêt ? Il suffit de voir en quoi vous investissez votre argent ! Là où est ton trésor, là aussi sera ton cœur (Matthieu 6.21)

Nous l'avons précédemment mentionné, lorsque les israélites sortirent de l'Égypte, ils prirent les richesses des égyptiens. Cette richesse servira à la construction et l'ornement du tabernacle. C'était donc le plan de Dieu que ces biens servent pour son œuvre. Toutefois, dans leur idolâtrie, les israélites utilisèrent dans un premier temps cette richesse pour bâtir un veau d'or. De même que ces derniers, lorsque nous utilisons nos finances pour combler nos convoitises charnelles et matérielles au lieu de soutenir et cela en priorité l'œuvre de Dieu, nous bâtissons un veau d'or.

Pour nombreux, le veau d'or c'est la luxure, l'habillement, les parures somptueuses, les voitures, les excès de table, les vacances, les cigarettes, l'alcool, le projet d'intérêt personnel etc. Avez vous un veau d'or ? Christ peut vous délivrer de cette idolâtrie, si vous confessez sincèrement vos péchés et prenez la décision de le suivre avec un cœur sans partage.

Mettez vos finances au service de l'œuvre de Dieu. Ce constat est sans appel ; notre attachement au Seigneur est mesurable à notre manière de donner pour son œuvre. Nous ne pouvons prétendre aimer Dieu, si nous ne donnons rien ou très peu.

Le soutien pour l'œuvre de Dieu n'est pas seulement une affaire de l'ancien testament. Dans le premier siècle chrétien, un système de collecte était organisé pour soutenir l'église de Jérusalem :

Considérons 1 Corinthiens 16 : 1-3

« Pour ce qui concerne la collecte en faveur des saints, agissez, vous aussi, comme je l'ai ordonné aux Eglises de la Galatie. ***2*** *Que chacun de vous, le premier jour de la semaine, mette à part chez lui ce qu'il pourra, selon sa prospérité, afin qu'on n'attende pas mon arrivée pour recueillir les dons.* ***3*** *Et quand je serai venu, j'enverrai avec des lettres, pour porter vos libéralités à Jérusalem, les personnes que vous aurez approuvées. »*

Cette recommandation de Paul concerne tous les croyants de l'église de Corinthe quelque soit leur situation financière. Chacun doit donner à la mesure de ses avoirs. Rappelons le, Dieu regarde la qualité du don et non la quantité. C'est la qualité qui rend la quantité significative à ses yeux. Il ne suffit guère de donner de notre superflu mais nous devons être prêts à renoncer à certaines choses pour pouvoir donner pour son œuvre. C'est en ce sens que la qualité rend la quantité significative.

Si nous sommes pauvres, notre situation n'est pas une raison pour ne rien donner. En effet, certains croyants sont dans un grand dénuement, éprouvent de grandes difficultés pour subvenir à leurs propres besoins. Sont-ils pour autant exonérés des offrandes ? Non, bien évidemment ! Nous avons abordé ce cas de figure avec la veuve que Jésus a honoré pour avoir donné le peu qui lui restait pour vivre.

Considérons également 2 Corinthiens 8 : 2-5

« Nous vous faisons connaître, frères, la grâce de Dieu qui s'est manifestée dans les Églises de la Macédoine. 2 Au milieu de beaucoup de tribulations qui les ont éprouvées, leur joie débordante et ***leur pauvreté profonde ont produit avec abondance de riches libéralités de leur part****. 3 Ils ont, je l'atteste, donné volontairement selon leurs moyens, et même au delà de leurs moyens, 4 nous demandant avec de grandes instances la grâce de prendre part à l'assistance destinée aux saints. 5 Et non seulement ils ont contribué comme nous l'espérions, mais ils se sont d'abord donnés eux-mêmes au Seigneur, puis à nous, par la volonté de Dieu.*

Troisième principe : Les prémices.

Caïn et Abel : une histoire de prémices !

Considérons Genèse 4 :2-5

« *Elle mit encore au monde le frère de Caïn, Abel. Abel fut berger et Caïn cultivateur. Au bout de quelque temps, Caïn fit une offrande des produits de la terre à l'Eternel. De son côté, Abel en fit une des premiers-nés de son troupeau et de leur graisse. L'Eternel porta un regard favorable sur Abel et son offrande, mais pas sur Caïn et son offrande. Caïn fut très irrité et il arbora un air sombre.* »

L'offrande végétale est une prescription divine dans la loi donnée à Moïse. Ainsi, la désapprobation de Dieu à l'égard de l'offrande de Caïn n'est pas due à la nature végétale de son offrande mais à l'état du cœur. Caïn offre son offrande au bout de quelque temps. Il est précisé qu'Abel offre les premiers-nés de son troupeau. Toute la différence se trouve là ! Contrairement à Caïn, Abel donne ses prémices. Cela révèle la priorité de son cœur ; qui est de donner la première place à Dieu. Ainsi, il honore Dieu. C'est pourquoi Dieu porte un regard favorable sur Abel (c'est à dire la personne) et son offrande (c'est à dire l'action de grâce qui place Dieu en priorité). Dieu ne porte pas un regard favorable sur l'offrande et Abel mais d'abord sur la personne (l'état du cœur) et ensuite l'action de grâce.

Comment Caïn comprend t-il que Dieu a porté un regard favorable sur Abel et non sur lui ? En voyant très certainement les affaires d'Abel prospérer considérablement et ses propres affaires stagner. Cette vérité est démontrée par ce passage :

Proverbes 3 :9-10 déclare :

« Honore l'Eternel avec tes biens et avec les premiers de tous tes produits. Alors tes greniers seront abondamment remplis et tes cuves déborderont de vin nouveau »

Donner ses prémices, c'est mettre Dieu en première place. C'est honorer l'Éternel en reconnaissant, par notre libéralité, que tout bien d'ici-bas vient de lui et doit retourner à lui. Par conséquent, les biens terrestres seront multipliés à celui qui, reconnaît devoir tout à l'Éternel. Celui là est un économe fidèle dans ce qu'Il lui a confié.

Permettez moi de vous faire part de ce témoignage :

Un vendredi , avant notre culte de prière, une sœur vint me voir et me tendit une enveloppe. Pasteur me dit-elle ; voici les prémices de mon salaire. En effet, elle venait d'obtenir un contrat à durée déterminée d'un an non renouvelable et prit donc la décision de donner pour l'œuvre de Dieu l'entièreté de son premier salaire. J'ai été fort impressionné par sa foi car c'est une chose peu courante dans la francophonie. J'ai rendu grâce à Dieu pour son offrande et béni sa vie. Au bout de quelques mois, elle expérimenta la fidélité de Dieu à sa parole. Elle fut miraculeusement exonérée de 90% de ses dettes sans raison apparente. Arrivé à terme, son contrat de travail à durée déterminée fut prolongé. Le plus étonnant est que nul n'a été prolongé avant elle. En effet, sur le plan légal, le travail ne pouvait durer plus d'un an mais l'institution décida de revoir ses normes pour la garder. En outre, l'entreprise lui proposa de loger gratuitement dans un appartement dans le cadre de sa mission professionnelle. Aujourd'hui, la bien aimée sœur est propriétaire d'une maison.

J'aimerai vous dire que si vous prenez Dieu au sérieux, alors, il vous prendra au sérieux. N'a t-il pas dit ; « alors tes greniers seront abondamment remplis et tes cuves déborderont de vin nouveau ? » Seul les incrédules doutent des promesses de Dieu. Ne soyez pas un de leurs. Posez des actions par la foi et par amour pour son œuvre.

Comment donner ses prémices ?

Si vous créer votre entreprise, je vous conseille de donner vos premiers revenus (bénéfices sans le capital de départ) à l'église ou à votre pasteur. Une autre manière de donner les prémices, c'est de donner comme offrande chaque année votre premier salaire annuel. A chacun de faire ce qu'il conçoit être correct selon son intelligence et sagesse divine, sa compréhension, sa foi, sa motivation et ses priorités. Personne ne vous oblige à le faire, mais si vous saisissez la révélation par la foi, Dieu honorera sa promesse à votre égard ; « *Alors tes greniers seront abondamment remplis et tes cuves déborderont de vin nouveau* ».

Rappelons nous que Dieu a établi les prémices comme prescription légale dans l'ancienne alliance :

Deutéronome 26 : 1 – 4

« Lorsque tu seras entré dans le pays que l'Eternel, ton Dieu, te donne en héritage, lorsque tu le posséderas et y seras installé, ***2*** *tu prendras* ***les premiers de tous les produits*** *que tu retireras du sol dans le pays que l'Eternel, ton Dieu, te donne. Tu les mettras dans une corbeille et tu iras à l'endroit que l'Eternel, ton Dieu, choisira pour y faire résider son nom.* ***3*** *Tu te présenteras au prêtre alors en*

fonction et tu lui diras: 'Je déclare aujourd'hui à l'Éternel, ton Dieu, que je suis entré dans le pays que l'Eternel a juré à nos ancêtres de nous donner.' **4** *Le prêtre prendra la corbeille de ta main et la déposera devant l'autel de l'Eternel, ton Dieu. »*

Donner les prémices sous prétexte de la loi n'est plus d'actualité. De même que la dîme (que nous aborderons ci-après), les prémices trouvent leurs origines dans la foi et non dans la loi. En l'occurrence, dans la foi d'Abel. Le principe peut donc être appliqué dans la nouvelle alliance sur base de la foi, comme action de grâce. Toutefois, et cela est important de le rappeler, il n'y a aucune obligation contraignante à pratiquer ce principe.

Quatrième principe : La dîme.

La notion de la dîme divise l'église de nos jours. D'une part, nous trouvons des partisans de la dîme et d'autre part, ceux qui estiment que cela n'est plus d'actualité. Penchons nous bibliquement sur cette question :

Il existait quatre sortes des dîmes en Israël dans l'ancien testament :

1) La première dîme était donnée aux lévites et aux prêtres (NB : 18 ; 21). Les Israélites ne devaient pas délaisser les Lévites (Deutéronome 14 :27).

NB 18 : 21 : « Aux lévites, je donne comme possession **toutes les dîmes** qui seront perçues en Israël, **pour le service** qu'ils assurent, celui qu'ils accomplissent **dans la tente de la rencontre** »

En effet, les Lévites désignés par Dieu pour le servir à temps plein au tabernacle, reçoivent pour salaire la dîme prélevée en Israël.

2) la deuxième dîme (la dîme des dîmes). Elle était donnée par les lévites au souverain sacrificateur (le grand prêtre). En effet, Ils prélevaient 10 % de leurs dîmes perçues et le donnaient au grand prêtre. Ce 10% donné au grand sacrificateur était appelé la dîme des dîmes.

Nb 18 :25-31 :

« *L'Eternel parla à Moïse, et dit :* ***26*** *Tu parleras aux Lévites, et tu leur diras : Lorsque vous recevrez des enfants d'Israël* ***la dîme*** *que je vous donne de leur part comme* ***votre possession****, vous en* ***prélèverez*** *une offrande pour l'Eternel,* ***une dîme de la dîme****;* ***27*** *et votre offrande vous sera comptée comme le blé qu'on prélève de l'aire et comme le moût qu'on prélève de la cuve.* ***28*** *C'est ainsi que vous prélèverez une offrande pour l'Éternel* ***sur toutes les dîmes que vous recevrez des enfants d'Israël****, et* ***vous donnerez au sacrificateur Aaron*** *l'offrande que vous en aurez prélevée pour l'Eternel.* ***29*** *Sur tous les dons qui vous seront faits, vous prélèverez toutes les offrandes pour l'Eternel; sur tout ce qu'il y aura de meilleur, vous prélèverez la portion consacrée.* ***30*** *Tu leur diras : Quand vous en aurez prélevé le meilleur, la dîme sera comptée aux Lévites comme le revenu de l'aire et comme le revenu de la cuve.* ***31*** *Vous la mangerez en un lieu quelconque, vous et votre maison; car* ***c'est votre salaire pour le service que vous faites dans la tente d'assignation****.* »

3) la troisième dîme était une épargne que les israélites devaient dépenser pour eux-mêmes et leurs familles lors des saintes convocations à Jérusalem. Ils entreprenaient un pèlerinage vers Jérusalem et cette dîme devait leur servir des vivres.

Deutéronome 14 :22-26

« *Tu lèveras la dîme de tout ce que produira ta semence, de ce que rapportera ton champ chaque année.* **23** *Et tu mangeras devant l'Eternel, ton Dieu, dans le lieu qu'il choisira pour y faire résider son nom, la dîme de ton blé, de ton moût et de ton huile, et les premiers-nés de ton gros et de ton menu bétail, afin que tu apprennes à craindre toujours l'Eternel, ton Dieu.* »

4) la quatrième dîme, donnée tous les trois ans par le peuple est distribuée aux pauvres, aux étrangers, aux veuves, aux orphelins et aux lévites. C'est une aide sociale.

Deutéronome 14 :28-29 :

« *Au bout de trois ans, tu sortiras toute la dîme de tes produits pendant la troisième année, et tu la déposeras dans tes portes.* **29** *Alors viendront le Lévite, qui n'a ni part ni héritage avec toi, l'étranger, l'orphelin et la veuve, qui seront dans tes portes, et ils mangeront et se rassasieront, afin que l'Eternel, ton Dieu, te bénisse dans tous les travaux que tu entreprendras de tes mains.* »

La somme de ces dîmes nous montre que les israélites donnaient plus de 20 % de l'ensemble de tous leurs revenus.

Qu'en est-il de la dîme aujourd'hui ?

La dîme comme prescription légale n'est plus d'actualité dans la nouvelle alliance. Le principe mis en avant dans le nouveau testament est la libéralité dans les offrandes. Le chrétien doit soutenir financièrement l'œuvre de Dieu par ses libéralités. Le nouveau testament s'oriente vers cette optique. Toutefois, il nous est important de comprendre l'origine du principe de la dîme pour saisir dans quel cas, la dîme peut être donnée dans la nouvelle alliance. En effet, avant d'être établie comme une prescription légale (sous les quatre formes décrites), la dîme trouve sa source dans la foi d'Abraham qui donna la dîme de tout son butin à Melchisedek (Genèse 14 :20). Ainsi, la dîme apparaît selon son origine biblique comme un acte de foi et de reconnaissance (une action de grâce).

Genèse 14 : 20 « Béni soit le Dieu Très-Haut, qui a livré tes ennemis entre tes mains ! Et Abram lui donna la dîme de tout. »

La seconde fois où la dîme est mentionnée dans le livre de Genèse, c'est au travers de l'histoire de Jacob. Ce dernier promet de donner sa dîme à Dieu s'il le garde et le rend prospère.

Genèse 28 :22. « Cette pierre, que j'ai dressée pour monument, sera la maison de Dieu; et je te donnerai la dîme de tout ce que tu me donneras. »

La dîme fut donc donnée avant que Dieu la stipule dans la loi de Moïse. Elle est dans son origine une action de grâce basée sur la foi !

Pourquoi Dieu l'impose comme une prescription légale dans l'ancienne alliance ?

Premièrement, comme salaire pour les lévites, les prêtres, le grand sacrificateur et aide sociale pour les veuves et les orphelins. En effet, la continuité du service des lévites au temple dépend également de ce moyen de survie qu'est la dîme comme salaire.

Deuxièmement, pour bénir le peuple car une bénédiction matérielle s'attache à l'obéissance à ce principe.

Malachie 3: 10-11

« *Apportez toutes les dîmes à la maison du trésor afin qu'il y ait de la nourriture dans ma maison. Mettez-moi à l'épreuve, dit l'Eternel, le maître de l'univers, et vous verrez si je n'ouvre pas pour vous les fenêtres du ciel, si je ne déverse pas sur vous la bénédiction en abondance. Pour vous, je menacerai l'insecte vorace afin qu'il ne détruise pas les produits du sol et que la vigne ne soit stérile dans vos campagnes, dit l'Eternel, le maître de l'univers* »

Le principe de la dîme est important à observer aujourd'hui par l'enfant de Dieu en vertu de la foi pour apporter un soutien régulier et constant au ministère ecclésial. Certes, sans être une obligation, la dîme devient un principe de libéralité que chacun doit exercer selon son bon cœur. Par ailleurs, cela ne se limite pas à donner dix pourcent de son salaire, mais l'intéressé peut donner bien au-delà ou en deçà selon la place d'honneur que Dieu occupe dans sa vie.

Dieu en qui on ne trouve point l'ombre d'une variation, honorera le cœur qui donne largement par sa promesse de bénédiction.

Conformément à Malachie 3 :10-11, cette bénédiction a Deux volets :

a) l'abondance matérielle
b) la protection de notre travail ou entreprise.

L'abondance matérielle :

Cela ne suppose pas forcément que vous deviendrez millionnaire. Quoi que je vous le souhaite de tout cœur, pourvu que cet argent serve pour l'œuvre de Dieu. Mais l'abondance matérielle est aussi la suffisance malgré des revenus qui semblent insuffisants. Qu'est ce que je veux dire par là ? Même avec un salaire minimum, si vous respectez votre engagement personnel envers Dieu concernant la dîme, vous vivrez sans manque. Le Seigneur pourvoira à tous les besoins de votre famille. Vous aurez l'impression que la provision ne s'épuise guère malgré qu'elle semble insuffisante. Lorsque la disette frappera à la porte de votre foyer, le Seigneur suscitera toujours des personnes promptes à vous porter secours. Des personnes qui feront pour vous des courses alimentaires ou qui financeront votre foyer par conviction divine.

La protection du travail (ou de votre business)

La grâce du Seigneur demeurera sur votre travail. Plusieurs peuvent être licenciés mais votre poste ne sera touché. J'ai le témoignage personnel d'un frère très fidèle dans ses dîmes. Sa société a connu une restructuration, plusieurs ont été licenciés mais on ne toucha point à son poste. A maintes reprises, il reçut des menaces de licenciement mais cela n'a abouti à rien. Mieux encore, il travaillait mi-temps et reçut une promotion pour passer à temps plein dans un contexte de licenciement !

Cela dit, il est important de comprendre que Dieu agrée d'abord notre cœur avant notre offrande. D'où l'importance d'avoir une vie chrétienne authentique, de l'intégrité et un bon témoignage comportemental au sein de son travail. Il est également nécessaire de souligner que donner sa dîme ne signifie pas que nous ne connaîtrons pas des épreuves financières. En effet, le Seigneur peut permettre des épreuves financières (par exemple un licenciement etc) mais comme toute épreuve, si nous la traversons avec la bonne attitude de cœur et maturité, une autre porte nous sera ouverte. Dieu demeure fidèle.

Les défis de l'authenticité

Quelle conclusion portée concernant la dîme ? Très certainement, ce principe de la dîme est mal enseigné. Beaucoup de pasteurs obligent leurs fidèles à donner la dîme sous peine de malédiction financière ou de condamnation en enfer. Ces derniers donnent par obligation. Cela devient pour eux un fardeau. Ils ne donnent certainement pas avec joie. D'autre part, certains de ceux qui donnent, le font de la mauvaise manière car ils donnent pour recevoir de la part du Seigneur, des intérêts financiers en retour ! La motivation du cœur n'est donc pas bonne. Dieu ne peut poser un regard favorable sur ces personnes et leurs dîmes. D'autres encore, donnent leurs dîmes mais vivent délibérément dans le péché sans culpabilité, ni désir de repentance.

Deutéronome 23 :18 déclare ;

« Tu n'apporteras point dans la maison de l'Eternel, ton Dieu, le salaire d'une prostituée ni le prix d'un chien, pour l'accomplissement d'un vœu quelconque; car l'un et l'autre sont en abomination à l'Eternel, ton Dieu. »

Les pasteurs sont à l'origine de ce malentendu. Soit, parce qu'ils ont une mauvaise compréhension de la dîme et par conséquent, dispensent un enseignement erroné. Soit, parce qu'ils sont cupides et trompent volontairement le peuple de Dieu dans le but de s'enrichir.

Appliquons nous donc à enseigner la parole de Dieu d'une manière authentique afin de bâtir des chrétiens authentiques dans la foi et dans l'amour pour le Seigneur.

Dans Ézéchiel 34 :2-3, le Seigneur déclare par l'intermédiaire de son prophète :

« 2 Fils de l'homme, prophétise contre les pasteurs d'Israël ! Prophétise, et dis-leur, aux pasteurs : Ainsi parle le Seigneur, l'Eternel : Malheur aux pasteurs d'Israël, qui se paissaient eux-mêmes! Les pasteurs ne devaient-ils pas paître le troupeau ? 3 Vous avez mangé la graisse, vous vous êtes vêtus avec la laine, vous avez tué ce qui était gras, vous n'avez point fait paître les brebis. »

Ces remontrances du Seigneur aux bergers d'Israël restent d'actualité pour les conducteurs de l'église.

Voici donc les quatre principes de gestion financière divine. Ces quatre principes se résument en un seul mot : La libéralité.

Proverbes 11 :24 :

« *Tel, qui donne libéralement, devient plus riche; et tel, qui épargne à l'excès, ne fait que s'appauvrir.* »

En effet, on demeure pauvre lors que l'on a appris à recevoir et non à donner.

Ne cherchons pas à acheter de belles maisons, de belles voitures, de beaux vêtements et délaisser l'église locale dans les besoins financiers. Cela ne serait pas à notre avantage. Donnons même le peu que nous avons pour l'avancement de nos assemblées.

Ces quatre principes soulignés, sont ce que j'appelle, les principes de sanctification financière. Par ces moyens, nous mettons à part et sanctifions nos finances pour Dieu.

Quelques conseils pratiques

1) Si vous prenez la décision de donner votre premier salaire de l'année comme prémices, assurez-vous que vous avez assez économisé durant l'année précédente pour subvenir à vos besoins durant le mois de janvier. Par exemple, vous décidez de donner vos 1500 EUR de salaire du mois de janvier 2019 comme prémices, alors vous avez économisez au moins (1500 EUR) durant toute l'année 2018.

2) Ne donnez pas aux pauvres en laissant votre maison (famille), vos frères et sœurs chrétiens (ainsi que vos conducteurs au sein de l'église) dans la disette. Aidez les en priorité. Assurez-vous d'abord qu'ils ont le

nécessaire pour vivre avant d'aider ceux du dehors. En effet la bible déclare ;

« *Si quelqu'un n'a pas soin des siens, et principalement de ceux de sa famille, il a renié la foi, et il est pire qu'un infidèle.* » 1 Timothée 5 :8

« *Ne nous lassons pas de faire le bien; car nous moissonnerons au temps convenable, si nous ne nous relâchons pas. Ainsi donc, pendant que nous en avons l'occasion, pratiquons le bien envers tous,* ***et surtout envers les frères en la foi*** » Galates 6 :9-10

3) Calculez mensuellement le montant des offrandes que vous désirez donner en rapport avec vos dépenses ménagères. Nous dépensons régulièrement chaque semaine des sommes d'argent parfois considérables pour des choses insignifiantes. Faites un budget mensuel en évitant des dépenses inutiles et vous serez à mesure de largement donner à l'église.

4) Si vous décidez de donner la dîme (ce qui par ailleurs est une très bonne décision pour soutenir avec constance l'église), prélevez-la tout de suite avant un quelconque paiement de charges ménagères de peur de ne pas tenir votre engagement envers Dieu.

Chapitre VII. La dîme est-elle le salaire du pasteur ?

Il est triste de constater que de nos jours, certains croyants pensent que le pasteur doit travailler bénévolement. Cette position n'est pas biblique. Parcourons quelques versets bibliques qui démontrent que le serviteur de Dieu mérite un salaire à charge de la communauté.

1 corinthiens 9 : 11

« Si nous avons semé pour vous les biens spirituels, est-ce trop si nous récoltons une part de vos biens matériels? »

1 corinthiens 9 : 13-14

*« **13** Ne savez-vous pas que ceux qui remplissent les fonctions sacrées sont nourris par le temple, que ceux qui servent à l'autel ont part à l'autel ? **14** De même aussi, le Seigneur a ordonné à ceux qui annoncent l'Evangile de vivre de l'Evangile. »*

Matthieu 10 :10

« ... Car l'ouvrier mérite son salaire ».

Galates 6 :6

*« **Que celui à qui l'on enseigne la parole donne une part de tous ses biens à celui qui l'enseigne.** »*

1 Timothée 5 :17-18

« Que les anciens qui dirigent bien soient jugés dignes d'une double marque d'honneur, surtout ceux qui travaillent à la prédication et à l'enseignement. ***18*** *En effet, l'Écriture dit: Tu ne mettras pas de muselière au boeuf quand il foule le grain et: «L'ouvrier mérite son salaire.»*

Ces versets établissent indubitablement un droit biblique pour le pasteur de percevoir un salaire à charge de l'église. La charge du travail qui incombe à un pasteur principal qui sert à temps plein au sein d'une église n'est pas négligeable. C'est un travail lourd, nécessitant un dur labeur. C'est anti biblique de ne guère donner à son pasteur le salaire qui lui revient de plein droit. Toutefois, c'est à la discrétion du pasteur (prophète, évangéliste, apôtre, docteur) qui travaille à temps plein au sein de la communauté d'accepter ou de refuser un salaire. En effet, le salaire est son droit ! Mais certaines raisons peuvent pousser le serviteur de Dieu de ne pas jouir momentanément de ce droit ! Par exemple, les difficultés financières que traversent la communauté qui donc l'empêchent de percevoir son salaire ou le renoncement volontaire.

Penchons nous sur la question du renoncement volontaire à un salaire.

Étudions ce cas pratique qui nous est relaté dans 1 corinthiens 9 : 2-18 :

*« **2** Si pour d'autres je ne suis pas apôtre, je le suis au moins pour vous, car vous êtes l'empreinte qui authentifie mon service en tant qu'apôtre dans le Seigneur. **3** C'est là ma défense contre ceux qui m'accusent.*

*__4__ N'avons-nous pas le droit de manger et de boire? **5** N'avons-nous pas le droit d'emmener avec nous une soeur qui soit notre femme, comme le font les autres apôtres, les frères du Seigneur et Céphas?*

*__6__ Ou bien sommes-nous les seuls, Barnabas et moi, à ne pas avoir le droit de ne pas travailler? **7** Qui donc sert dans une armée à ses propres frais? Qui plante une vigne et n'en mange pas le fruit? Qui prend soin d'un troupeau et ne se nourrit pas du lait du troupeau?*

*__8__ Est-ce purement d'un point de vue humain que je dis cela? La loi ne le dit-elle pas aussi? **9** En effet, il est écrit dans la loi de Moïse: Tu ne mettras pas de muselière au boeuf quand il foule le grain. Dieu s'inquiète-t-il des boeufs **10** ou bien est-ce principalement à cause de nous qu'il parle? Oui, c'est à cause de nous que cela a été écrit, car celui qui laboure doit labourer avec espérance, et celui qui bat le blé doit le faire avec l'espoir de recevoir sa part. **11** Si nous avons semé pour vous les biens spirituels, est-ce trop si nous récoltons une part de vos biens matériels? **12** Si d'autres exercent ce droit sur vous, n'est-ce pas plutôt à nous d'en jouir? Mais nous n'avons pas recouru à ce droit; au contraire, nous supportons tout afin de ne pas créer d'obstacle à l'Evangile de Christ.*

*__13__ Ne savez-vous pas que ceux qui assurent le service du culte sont nourris par le temple, que ceux qui servent à l'autel reçoivent une part de ce qui est offert sur l'autel? **14** De même aussi, le Seigneur a prescrit à ceux qui annoncent l'Evangile de vivre de l'Evangile.*

*__15__ Quant à moi, je n'ai eu recours à aucun de ces droits, et je n'écris pas cela pour qu'ils me soient accordés, car j'aimerais mieux mourir plutôt que de me laisser enlever ce sujet de fierté. **16** Si j'annonce l'Evangile, il n'y a pour moi aucun sujet de fierté, car c'est une nécessité qui m'est imposée, et malheur à moi si je n'annonce pas* *l'Evangile!* ***17*** *Si je le fais de bon coeur, j'en ai la récompense; mais si je le fais malgré moi, c'est une charge qui m'est confiée.* ***18*** *Quelle est donc ma récompense? C'est d'offrir gratuitement l'Evangile [de Christ] que j'annonce, sans faire usage de mon droit de prédicateur de l'Evangile. »*

Quelles sont les raisons qui poussent l'apôtre Paul à renoncer à ce qu'il décrit comme étant son droit ?

Il faut prendre en considération le contexte de l'église de Corinthe. En effet, la démarche de Paul est sage et louable vu les accusations dont il fait fasse et l'immaturité de l'église de Corinthe. Une étude systématique de l'épître aux corinthiens nous révèle que les chrétiens dans cette communauté aimaient les querelles, la division (se prétendaient de Paul, certains de Céphas et d'autres d'Apollos), étaient orgueilleux, exerçaient mal leurs dons spirituels, ne respectaient pas la sainte Cène et plusieurs faux apôtres et enseignants attaquaient ou remettaient en question l'apostolat de Paul. Ces faux apôtres ou enseignants percevaient de biens matériels auprès des corinthiens ; « ***11*** *Si nous avons semé pour vous les biens spirituels, est-ce trop si nous récoltons une part de vos biens matériels?* ***12 Si d'autres exercent ce droit sur vous, n'est-ce pas plutôt à nous d'en jouir****? Mais nous n'avons pas recouru à ce droit; au contraire, nous supportons tout* ***afin de ne pas créer d'obstacle à l'Evangile de Christ. »***

Pour toutes ces raisons évoquées, Paul renonce à son droit. L'église de Corinthe est spirituellement instable et immature. Pourquoi déclencher une polémique de plus contre sa personne, en demandant un salaire auprès de cette communauté ? Toutefois, il prend quand même soin de rappeler qu'il a le droit de vivre de l'Evangile même s'il refuse de prendre un salaire venant d'eux. Cela n'annule en rien son droit.

L'apôtre souligne également qu'il ne désire pas être un obstacle à l'évangile car dans une atmosphère de désordre comme à Corinthe, Paul aurait du mal à faire passer l'évangile pure et authentique s'il se compromet à recevoir un salaire de leur part. Son refus révèle qu'il n'est pas en accord avec leur mode de vie impur. Exiger un salaire, signifierait en quelque sorte qu'il acquiesce leur désordre. En outre, cela donnerait du poids à toutes les accusations formulées contre son apostolat et le mettrait sur le même pied d'égalité d'avec ses détracteurs.

Dans l'épître aux Thessaloniciens, Paul déclare ceci :

*« **6** Nous vous recommandons, frères et sœurs, au nom de notre Seigneur Jésus-Christ, de vous éloigner de tout frère qui mène une vie désordonnée et ne suit pas les instructions reçues de nous. **7** Vous savez vous-mêmes comment il faut nous imiter, car nous ne nous sommes pas livrés au désordre parmi vous **8** et nous n'avons mangé gratuitement le pain de personne; au contraire, nuit et jour, dans la fatigue et dans la peine, nous avons travaillé pour n'être à la charge d'aucun de vous. **9** Non que nous n'en ayons pas le droit, mais nous avons voulu vous donner en nous-mêmes un modèle à imiter. **10** En effet, lorsque nous étions chez vous, nous vous recommandions ceci: si quelqu'un ne veut pas travailler, qu'il ne mange pas non plus. **11** Nous apprenons cependant que quelques-uns parmi vous mènent une vie désordonnée: ils ne travaillent pas mais se mêlent des affaires des autres. **12** Nous invitons ces gens-là, et nous les encourageons par notre Seigneur Jésus-Christ, à travailler paisiblement pour manger leur propre pain. » 2 Thessaloniciens 3 :6-12*

A Thessalonique, Paul décide de travailler pour ne pas être à charge de la communauté. Comme pour l'église de Corinthe, il rappelle aux Thessaloniciens qu'il a le droit de vivre à leurs frais mais que sa décision de travailler poursuit un but spécifique dans ce contexte particulier ; « «

Non que nous n'en ayons pas le droit, mais nous avons voulu vous donner en nous-mêmes un modèle à imiter » .

Plusieurs chrétiens au sein de cette communauté abandonnaient leur travail séculier ou ne voulaient guère travailler, sous prétexte que le Seigneur revient bientôt. Ainsi, ils se mettaient à charge des frères qui travaillaient et se mêlaient de leurs affaires. Pour ne pas être assimilé à ces chrétiens paresseux, l'apôtre Paul décide de renoncer à son droit et de travailler afin de donner le bon exemple à imiter. Une fois de plus, son renoncement à un salaire est à considérer selon les contextes particuliers.

Posons nous cette question : Paul a t-il dans d'autres circonstances accepté le salaire d'une église ? La réponse est oui, évidemment ! Considérons, Philippiens 4 : 15-19 :

« Vous le savez vous-mêmes, Philippiens, au début de la prédication de l'Evangile, lorsque j'ai quitté la Macédoine, aucune Eglise n'a pris part avec moi à un tel échange de contributions. Vous avez été les seuls à le faire: ***16*** *à Thessalonique déjà, et à plus d'une reprise, vous m'avez envoyé de quoi pourvoir à mes besoins.* ***17*** *Ce n'est pas que je recherche les dons, mais je désire qu'un fruit abondant soit porté sur votre compte.* ***18*** *J'ai tout reçu et je suis dans l'abondance. J'ai été comblé en recevant d'Epaphrodite ce que vous m'avez envoyé comme un parfum de bonne odeur, un sacrifice que Dieu accepte et qui lui est agréable.* ***19*** *Et mon Dieu pourvoira à tous vos besoins conformément à sa richesse, avec gloire, en Jésus-Christ. »*

Faisons quelques constats sur ces versets :

1) Lorsque Paul était à Thessalonique, les Philippiens lui ont envoyé de quoi pourvoir à ses besoins. Précédemment, nous avons vu que Paul à Thessalonique ne s'est pas mis à charge des Thessaloniciens mais a décidé de travailler dans le but de montrer l'exemple. Toutefois, ce dernier aurait reçu l'aide matérielle des Philippiens. Cela nous pousse à croire à juste titre qu'il est resté un moment à Thessalonique sans trouver un travail, mais en refusant catégoriquement de se mettre à charge de cette église. Pendant cette saison de précarité, il aurait donc vécu avec un salaire venant des Philippiens.

2) Paul parle d'un échange des contributions entre lui et les Philippiens.

La version semeur rend le verset 15 de Philippiens 21 ainsi :

« *Comme vous le savez, Philippiens, dans les premiers temps de mon activité pour la cause de l'Evangile, lorsque j'ai quitté la Macédoine, aucune autre Eglise n'est entrée avec moi dans un échange réciproque de dons matériels et spirituels. Vous seuls l'avez fait.* »

La version Louis Segond écrit :

« *Vous le savez vous-mêmes, Philippiens, au commencement de la prédication de l'Evangile, lorsque je partis de la Macédoine, aucune Eglise n'entra en compte avec moi pour ce qu'elle donnait et recevait; vous fûtes les seuls à le faire* »

Ces différentes versions nous permettent de comprendre que les dons des Philippiens à Paul sont un échange. Ils ont reçu de la part de Paul des bienfaits spirituels, et en retour, ils procurent des bienfaits matériels.

Ces dons matériels sont une rémunération pour le travail spirituel que Paul a fourni auprès d'eux. C'est donc un salaire qu'ils donnent à Paul .
Cela prouve qu'ils sont reconnaissants, organisés et matures dans la compréhension de cette vérité.

3) Paul qualifie les dons matériels qu'il reçoit ; « *comme un parfum de bonne odeur, un sacrifice que Dieu accepte et qui lui est agréable* » Autrement dit, cela est agréable à Dieu que l'on prenne financièrement soin de ses serviteurs. Par conséquent : « *Et mon Dieu pourvoira à tous vos besoins conformément à sa richesse, avec gloire, en Jésus-Christ.* » La pensée de l'apôtre est claire et précise ; vous prenez matériellement soin de moi, Dieu apprécie cela et il vous bénira matériellement en retour. Ainsi, cette promesse de bénédiction matérielle est conditionnelle. La condition sine quo none est de prendre soin de l'homme de Dieu.

Avons nous la mentalité de pourvoir aux besoins des ministres du Christ qui travaillent à temps plein à notre service ? Ainsi, des chrétiens qui ne donnent guère un salaire à leurs ministres à temps plein se ferment bien des portes de bénédiction matérielle.

Il est donc primordial, que l'église locale mette en place une structure financière pour octroyer un salaire à ces ministres à temps plein. Libre à la communauté locale de choisir la formule la plus adaptée pour répondre à ce besoin ; soit par la récolte des dons, soit par des offrandes spéciales ou dimes volontaires. Les frères et sœurs doivent prendre conscience de l'importance de soutenir les ministres à temps plein. C'est une erreur de laisser son pasteur sans revenus sauf s'il y renonce volontairement et temporairement pour une quelconque raison. Toutefois, à lui incombe la responsabilité d'éclairer l'église sur ces vérités que nous avons abordées.

La recommandation de donner gratuitement :

Matthieu 10 :7-8 :

« Allez, prêchez, et dites : Le royaume des cieux est proche. Guérissez les malades, ressuscitez les morts, purifiez les lépreux, chassez les démons. ***Vous avez reçu gratuitement, donnez gratuitement.*** *»*

A première vue, on pourrait croire que ce passage contredit les vérités que nous avons abordées ci haut. Il n'en est pas ainsi. Dans ces versets, Christ dit en d'autres termes : ne commercialisez pas les dons qui vous sont donnés. Ne dites pas : « je prie pour ta guérison mais il faut me payer. Je fais ta délivrance mais contre une rémunération. Je prophétise sur toi pour un tel montant ». Des révélations tarifées, des écharpes ointes pour la guérison et de l'huile d'onction vendues etc....Une pratique que nous retrouvons malheureusement dans le milieu Chrétien. Nombreux exercent leurs dons en les monnayant. Jésus interdit de vendre la puissance de l'évangile. Faites bien attention de ne pas vendre ce que vous avez reçu gratuitement !

Le contexte de salaire que nous avons traité n'est pas à assimiler avec le fait de monnayer l'évangile et les dons que donne le Saint Esprit.

D'un côté, nous trouvons un serviteur qui reçoit un salaire (qui est une vraie aide financière et matérielle) pour le travail à temps plein qu'il fournit et de l'autre côté, un cupide qui utilise l'évangile et sa puissance pour s'enrichir.

Chapitre VIII. L'Argent et le Bonheur

Nous ne pouvons conclure ce livre au combien riche en enseignement, sans rappeler l'essentiel concernant notre véritable bonheur. Vous avez peut être déjà vu le très bon film « à la recherche du bonheur », inspiré d'une histoire vraie. L'acteur principal se retrouve dans une situation financière précaire. Il est criblé de dettes et dans la détresse. Sa vie familiale s'en trouve grandement affectée au point où sa femme l'abandonne. Il se retrouve sans domicile fixe, accompagné de son petit garçon de cinq ans, sillonnant jour et nuit les rues à la recherche du strict minimum pour manger et d'un lieu pour dormir. Une situation très difficile à vivre. En effet, ayant vécu la même chose, pendant près de deux ans, bravant le froid de l'hiver, la faim, le danger et toutes sortes de pièges que Satan avait mis sur mon chemin afin de me détruire (la consommation et la vente de la drogue, la prostitution ... ce dont je me suis préservé par la grâce de Dieu). Je peux vous confirmer la difficulté d'être dans de telles conditions.

Suite à ses difficultés financières, l'acteur du film se découvre une ambition : devenir riche, devenir ainsi heureux ! Trouver le bonheur et assurer un avenir meilleur pour son fils! Ce qui par ailleurs est une très bonne chose. Mais l'argent fait-il vraiment le bonheur ?

Le dictionnaire philosophique définit le bonheur comme « *un état de satisfaction complète caractérisé par sa stabilité et sa durabilité. Il ne suffit pas de ressentir un bref contentement pour être heureux. Une joie intense n'est pas le bonheur. Un plaisir éphémère non plus. Le bonheur est un état global. L'homme heureux est comblé. Il vit une forme de plénitude.* »

Il est vrai que tout être humain cherche à atteindre le bonheur. Chacun souhaite être heureux ; croyants et non-croyants. Mais rares sont les chrétiens remplis de joie et exprimant une vraie paix intérieure et sérénité face aux épreuves financières. Le constat est irrévocable, lorsqu'ils traversent une saison de disette, nombreux sont tristes et insatisfaits.

Indépendamment des problèmes de santé et relationnels, 95% des soucis de la vie sont en rapport avec la précarité financière. Sans toutefois oublier que certains problèmes de santé dans le tiers monde proviennent de l'insalubrité à cause de la pauvreté et l'argent est également au centre de plusieurs problèmes relationnels.

Si nous considérons la définition du bonheur ci haut évoquée, ce qui le caractérise, c'est la stabilité et la durabilité. Aucune satisfaction matérielle ne peut donc procurer le bonheur. Il suffit d'une saison difficile, des événements et circonstances malheureux pour replonger l'homme dans l'insatisfaction, le manque et le désarroi. Les biens terrestres nous procurent une expérience de paix et de joie éphémère. Savez vous que plusieurs personnes se sont suicidées durant les périodes d'anxiété généralisée causée par le Krash boursier ? Le Journal Paris-Match a publié un article daté du 15.1.2009 intitulé ; « Quand la crise répand la mort ». Nous y trouvons combien la débâcle financière a poussé certaines de ses victimes au suicide. Des hommes et femmes qui se sont jetés sous un train, dans le vide ...Des vies fauchées dans toutes les strates de la société. Certes, l'argent peut résoudre plusieurs choses, mais ne peut procurer le bonheur !

Pour entrer dans le véritable bonheur, dans cette paix et joie durable et stable, il nous incombe de bien comprendre l'œuvre de Dieu et ses priorités. Jésus est venu en premier lieu répondre à notre besoin réel. Quel était ce besoin réel ? Accomplir l'œuvre de la croix pour le salut de notre âme.

Dans Romain 4 :6-8, Paul parle du bonheur d'être pardonné de nos péchés.

« De même David exprime le bonheur de l'homme à qui Dieu impute la justice sans les œuvres : Heureux ceux dont les iniquités sont pardonnées, Et dont les péchés sont couverts ! Heureux l'homme à qui le Seigneur n'impute pas son péché ! »

Notre bonheur, c'est d'avoir reçu le pardon de nos péchés. Est-ce réellement une satisfaction stable et durable ? Certes, il en est ainsi. Personne ne peut nous ravir ce pardon. Aucune circonstance, aucun événement, aucune émotion et sentiment négatif de notre part ne peut changer la réalité de la croix. Notre âme devient féconde de joie et de paix durable grâce à cette croix. Même si nos besoins matériels ne sont pas satisfaits, nous vivons un véritable bonheur. Le Saint Esprit travaille en nous afin de nous amener dans une attitude où le besoin réel (le pardon de nos péchés) comble parfaitement notre âme même si nos besoins matériels ne sont pas satisfaits.

Voici la mentalité d'un chrétien mature : « même si les huissiers prennent mes biens, jamais ils pourront prendre mon salut. Même si je manque de maison ou d'appartement ici-bas, je ne m'apitoie pas sur mon sort car à cause de la croix j'ai une maison éternelle qui m'accueillera. Mon Seigneur m'a préparé une demeure dans son royaume ». Ainsi, un chrétien mature ne laisse pas les problèmes d'argent troubler son véritable bonheur. Toutefois, il faut beaucoup de maturité émotionnelle pour garder une telle position dans la foi.

Nombreux cherchent querelle à Dieu pour des choses qui ne garantissent pas l'éternité. Dans mon expérience pastoral, j'ai vu des chrétiens faiblir dans la foi, rétrograder, avoir l'inimitié contre Dieu parce qu'il n'a pas satisfait un besoin matériel. Combien de non croyants sont prospères dans leurs entreprises et possèdent des biens innombrables !

A mon humble avis, comme cela a été démontré dans le chapitre sur l'entrepreneuriat, il n'est pas nécessaire d'être Chrétien pour devenir financièrement riche. Nous avons besoin de Christ pour avoir le véritable bonheur qu'est le salut de notre âme.

Par la croix, notre âme est comblée.
En Christ, notre satisfaction est parfaite.
En lui, notre paix et notre joie sont durables et stables.
Heureux sommes nous, car il nous a pardonné.
Les circonstances de la vie ne nous ôteront pas ce bonheur.
Doux sauveur il est pour nous. Précieux jésus !

Les épreuves financières

Nous devons distinguer trois sources d'épreuves.

1) l'épreuve divine
2) l'épreuve satanique
3) l'épreuve intrinsèque

L'épreuve divine est celle que Dieu nous impose pour un but précis que nous aborderons dans cette section.

L'épreuve satanique est un assaut du diable et ses agents contre notre bien être en Christ (jean 10 : 9).

L'épreuve intrinsèque est celle dont nous subissons à cause de nos erreurs, notre manque de sagesse, nos mauvais choix ou mauvaises décisions. N'avez-vous jamais fait des erreurs aux conséquences financières non négligeables ?

Il est important de savoir discerner la source de l'épreuve. En effet, cela nous permet d'adopter la bonne attitude, de prier convenablement et de poser des actions appropriées. Cela ne vaut rien de chasser les démons nuit et jour si l'épreuve est divine ou intrinsèque. De même, il n'est pas nécessaire d'implorer Dieu de nous délivrer du diable si l'épreuve est le résultat de notre manque de sagesse. Voyez vous, un manque de discernement nous pousse à prier de la mauvaise manière et d'adopter la mauvaise attitude.

Si l'épreuve financière que vous traversez est divine, priez pour que le Seigneur vous donne la force de tenir jusqu'au bout. Que votre foi soit fortifiée. Gardez une bonne attitude de cœur, sans murmure. Bientôt, des opportunités divines ne manqueront pas de vous solliciter. Notre Dieu est le maître de temps et des circonstances.

« *C'est lui qui change les temps et les circonstances (...)* » Daniel 2 :21

« *De la poussière il retire le pauvre, du fumier il relève l'indigent, pour les faire asseoir avec les grands.* » 1 Samuel 2 : 8

Si l'épreuve est satanique, maintenez vous dans l'obéissance à la parole de Dieu, priez avec ferveur et jeûnez contre les assauts du diable. Croyez moi, il finira par fuir loin de vous.

« *Soumettez-vous donc à Dieu; résistez au diable, et il fuira loin de vous* » Jacques 4 :7

Si l'épreuve est intrinsèque, implorez le Seigneur afin qu'il vous accorde la grâce et la sagesse de réparer vos erreurs.

« *Si quelqu'un d'entre vous manque de sagesse, qu'il la demande à Dieu, qui donne à tous simplement et sans reproche, et elle lui sera donnée* » Jacques 1 :5

Nous comprenons donc qu'un bon discernement est nécessaire pour adopter la bonne attitude et poser les actions convenables.

Penchons nous sur l'épreuve financière d'origine divine :

Jacques 1 : 2-4 : déclare :

« *Mes frères, quand vous passez par toutes sortes d'épreuves, considérez-vous comme heureux. Car vous le savez : la mise à l'épreuve de votre foi produit l'endurance. Mais il faut que votre endurance aille jusqu'au bout de ce qu'elle peut faire pour que vous parveniez à l'état d'adultes et soyez pleins de force, des hommes auxquels il ne manque rien.* »

Il se produit dans la vie de quiconque des événements qui mettent à l'épreuve l'ensemble des ressources physiques, mentales et spirituelles. Avez-vous déjà eu des moments ou l'existence vous paraît vraiment injuste ? Un moment où votre foi, les valeurs et principes bibliques que vous respectez, votre patience, votre endurance, votre compréhension, votre bonne volonté sont poussés à leurs limites et même au-delà ? D'une manière générale et cela dans n'importe quel domaine, les épreuves sollicitent toutes nos forces. Et pourtant la bible nous invite à voir les difficultés que nous traversons dans une perspective de joie. Cela paraît irrationnel. Mais nous découvrirons que cette perceptive est pleinement rationnelle.

Pourquoi Jacques nous invite à avoir une perspective joyeuse ? Il nous faut comprendre les buts poursuivis par l'épreuve divine :

Notre caractère se révèle réellement lorsque nous traversons le désert, quand nous faisons face à des difficultés et que nous sommes sous pression. Nous pouvons manifester une bonne attitude quand tout va bien. Mais c'est quand tout va mal que nos mauvaises manières se manifestent. C'est à ce moment que nos défauts sont mis en évidences. Dieu dans sa pédagogie, utilise le désert pour nous faire prendre conscience de nos lacunes ; notre manque de foi, notre mauvaise attitude, notre perspective erronée, notre caractère charnel. Ainsi, c'est par le moyen de l'épreuve, que nous prenons conscience de nos manquements.

L'épreuve financière d'origine divine a donc pour but d'éprouver notre confiance en Dieu dans le domaine financier et de nous faire prendre conscience que nous n'avons pas encore appris le contentement. De même que l'apôtre Paul a appris le contentement, Dieu nous fait passer par cette école du contentement pour éduquer notre âme à la vraie prospérité (Voir le contentement Chapitre 2). Ainsi, l'épreuve nous permet de comprendre en profondeur notre besoin réel au delà de nos besoins humains. C'est dans cette perspective que Dieu éprouva les Israélites dans le désert afin de les faire découvrir la vraie valeur et les rassasier de la vraie richesse ; « l'homme ne se nourrira pas seulement du pain (besoins humains) mais de la parole de Dieu (besoin réel). » Deutéronome 8.3.

Dans le contexte où se situe notre texte biblique évoqué (Jacques 1 : 2-4), l'auteur nous fait comprendre que l'épreuve divine est nécessaire pour développer notre endurance (persévérance – patience et constance) afin de nous amener à une pleine maturité. C'est-à-dire parvenir à la plénitude de notre développement spirituel. Cette plénitude correspond à la mesure de la stature parfaite du Christ. Il est par conséquent, totalement impossible d'atteindre cette maturité sans passer par les épreuves. Traverser des sentiers difficiles est une nécessité pour notre bien être spirituel. C'est un besoin réel qui s'exprime du cœur de Dieu pour notre développement. De même que l'or est raffiné par le feu. L'épreuve divine vient nous raffiner en Christ.

Dans le domaine financier, cette maturité chrétienne correspond à cet état parfait de contentement. Lorsque nous atteignons cet état parfait, l'épreuve financière aura pleinement atteint son objectif.

Analysons Romain 8 : 28-29 :

« *Du reste, nous savons que tout contribue au bien de ceux qui aiment Dieu, de ceux qui sont appelés conformément à son plan. En effet, ceux qu'il a connus d'avance, il les a aussi prédestinés à devenir conformes à l'image de son fils, afin que celui-ci soit le premier-né d'un grand nombre de frères.* »

1) « Tout contribue » : du grec «sunergeo » : cela veut littéralement dire travailler ensemble, s'associer, tendre vers le même but.

2) « Au bien » : du grec « Agathos », cela désigne quelque chose de bonne constitution, de bonne nature, d'excellent.

Ainsi, chaque situation que nous rencontrons tend vers le même but ; atteindre l'excellence.

En quoi consiste concrètement cette excellence ? Le verset 29 de Romain 8 nous donne l'explication :

« *En effet, ce qu'il a connus d'avance, il les a prédestinés à devenir conforme à l'image de son fils (...)* »

Ainsi, cette excellence consiste à devenir conforme à l'image du Christ.

Toutes les épreuves divines tendent vers le but de nous amener à la perfection qu'est la ressemblance à Christ.

Après la lecture des évangiles, on découvre la simplicité du Christ. Il avait la capacité de s'offrir une vie de luxe. Mais il vécut une vie sobre sans poursuite des biens matériels. Cette simplicité est un niveau d'excellence que tout enfant de Dieu doit manifester. Certaines épreuves brisent notre orgueil apparent ou latent pour bâtir en nous le caractère d'humilité et de sobriété. Triste est de constater que nombreux de chrétiens manquent de cette simplicité.

L'épreuve créée également en nous la capacité de maintenir un niveau d'intensité spirituelle exigée par Dieu. Une constante qui permettra que le fruit de l'Esprit, le caractère, l'attitude et la perspective développés au moyen de l'épreuve demeurent en toutes saisons. Par exemple, si dans une saison difficile, vous développez le contentement, une autre saison difficile viendra où il vous incombera de demeurer et de manifester ce contentement. A chaque saison financière difficile que vous traverserez, vous devez manifester le fruit, le caractère ou la perspective qui a déjà mûri en vous.

Schématisons cela ainsi :

Saison A : épreuve financière ; vous apprenez le contentement et cela mûrit en vous.

Saison B : restauration financière.

Saison C : épreuve financière ; le contentement qui a déjà mûri en vous doit se manifester naturellement. C'est la preuve que vous avez atteint la maturité dans ce domaine. L'immaturité serait de traverser la saison C avec une attitude d'insatisfaction.

Autre exemple :

Saison 1 : épreuve Y : vous apprenez à manifester la joie malgré les difficultés.

Saison 2 : fin de l'épreuve, temps de restauration

Saison 3 : épreuve Y' : la joie qui a déjà mûri en vous doit se manifester naturellement. C'est la preuve que vous avez atteint la maturité dans ce domaine. L'immaturité serait de traverser la saison 3 avec une attitude d'abattement, de tristesse et de peur. rappelons le , l'immaturité spirituelle dans l'épreuve fait perdurer l'épreuve.

Jérémie 17 : 7-8 proclame cette vérité :

« *Béni soit l'homme qui fait confiance à l'Eternel et qui place son espérance en lui. Il ressemble à un arbre planté près de l'eau et qui étend ses racines vers le cours d'eau :* ***il ne s'aperçoit pas de la venue de la chaleur et son feuillage reste vert. Lors d'une année de sécheresse, il ne redoute rien et il ne cesse de porter du fruit.*** »

La particularité de cet arbre, c'est que la chaleur n'a aucune incidence sur sa vitalité. Malgré la sécheresse, son feuillage reste vert et il continue à porter du fruit. Il en est ainsi de l'enfant de Dieu qui a atteint la maturité. Il ne se laisse guère démoraliser par les difficultés financières. Il continue à porter du fruit (paix, joie, patience etc.) qui demeure malgré les soucis de la vie. « Il ne craint point les mauvaises nouvelles. Son cœur est ferme, confiant en l'Eternel » Psaumes 112 :7.

Rappelons le, la puissance de Mammon domine sur le chrétien qui n'a pas appris le contentement. Il se trouve totalement incapable de porter du fruit (Matthieu 13 :22).

Une autre vérité que nous pouvons souligner, c'est que pendant les saisons de sécheresse, les racines s'enfoncent plus profondément pour chercher l'eau. Ainsi doit fonctionner notre foi durant l'épreuve. Elle doit grandir ! Il y'a des promesses que le Seigneur vous a données qui nécessitent une foi mature pour se concrétiser. A ce jour, votre foi n'est peut être pas assez ferme pour amener dans le visible ces réalités invisibles. C'est pourquoi, le Seigneur permettra des épreuves pour développer votre foi et l'amener à son plein potentiel.

Qu'en est-il de la tentation ?

Jacques 1 : 12-14 :

*« **12** Heureux l'homme qui supporte patiemment la tentation; car, après avoir été éprouvé, il recevra la couronne de vie, que le Seigneur a promise à ceux qui l'aiment. **13** Que personne, lorsqu'il est tenté, ne dise : C'est Dieu qui me tente. Car Dieu ne peut être tenté par le mal, et il ne tente lui-même personne. **14** Mais chacun est tenté quand il est attiré et amorcé par sa propre convoitise. **15** Puis la convoitise, lorsqu'elle a conçu, enfante le péché; et le péché, étant consommé, produit la mort. »*

Dieu nous éprouve mais il ne nous tente pas. Toutefois, toute épreuve contient une part de tentation qui résulte de l'action du diable, de nos besoins ressentis (humains) et de notre propre convoitise. En effet, nos besoins humains insatisfaits peuvent nous pousser à succomber à une tentation durant la saison d'épreuve. Par exemple, la disette peut nous pousser pendant une saison de précarité à travailler dans l'illégalité pour pourvoir à nos besoins. Le Serviteur de Dieu peut être tenté d'édulcorer son message pour recevoir une plus grande entrée financière. Il peut être tenté de tarifer ses interventions ministérielles, de monnayer les dons spirituels, la délivrance, la prophétie, de commercialiser l'évangile. Il peut aussi être tenté d'augmenter le nombre de visite à domicile dans le seul but de recevoir des enveloppes. S'il n'y prend pas garde, le piège de la mendicité et de la cupidité se refermera sur lui. Souvenez vous que dans le désert, Satan dit à Jésus : « Transforme cette pierre en pain. » Autrement dit, utilise ton don pour satisfaire tes besoins humains. Frères et sœurs, faites bien attention de ne pas tomber dans la tentation durant l'épreuve. Si c'est le cas, je vous invite à une repentance sincère.

Les constats d'Asaph et de David

Asaph fait un constat qu'il décrit dans le Psaume 73. Parcourons ensemble ce psaume pour découvrir ses conclusions :

« ***1*** *Psaume d'Asaph. Oui, Dieu est bon pour Israël, Pour ceux qui ont le cœur pur.*

2 Toutefois, mon pied allait fléchir, Mes pas étaient sur le point de glisser; 3 Car je portais envie aux insensés, En voyant le bonheur des méchants. 4 *Rien ne les tourmente jusqu'à leur mort, Et leur corps est chargé d'embonpoint;* ***5*** *Ils n'ont aucune part aux souffrances humaines, Ils ne sont point frappés comme le reste des* *hommes.* **6** *Aussi l'orgueil leur sert de collier, La violence est le vêtement qui les enveloppe;* **7** *L'iniquité sort de leurs entrailles, Les pensées de leur cœur se font jour.* **8** *Ils raillent, et parlent méchamment d'opprimer; Ils profèrent des discours hautains,* **9** *Ils élèvent leur bouche jusqu'aux cieux, Et leur langue se promène sur la terre.*

10 *Voilà pourquoi son peuple se tourne de leur côté, Il avale l'eau abondamment,* **11** *Et il dit : Comment Dieu saurait-il, Comment le Très-Haut connaîtrait-il?* ***12 Ainsi sont les méchants : Toujours heureux, ils accroissent leurs richesses.*** **13** *C'est donc en vain que j'ai purifié mon cœur, Et que j'ai lavé mes mains dans l'innocence :* **14** *Chaque jour je suis frappé, Tous les matins mon châtiment est là.*

15 *Si je disais : Je veux parler comme eux, Voici, je trahirais la race de tes enfants.* **16** *Quand j'ai réfléchi là-dessus pour m'éclairer, La difficulté fut grande à mes yeux,* **17** *Jusqu'à ce que j'eusse pénétré dans les sanctuaires de Dieu, Et* ***que j'eusse pris garde au sort final des méchants.*** **18** *Oui, tu les places sur des voies glissantes, Tu les fais tomber et les mets en ruines.* **19** *Eh quoi! en un instant les voilà détruits ! Ils sont enlevés, anéantis par une fin soudaine !* **20** *Comme un songe au réveil, Seigneur, à ton réveil, tu repousses leur image.*

21 *Lorsque mon coeur s'aigrissait, Et que je me sentais percé dans les entrailles,* **22** *J'étais stupide et sans intelligence, J'étais à ton égard comme les bêtes.*

23 Cependant je suis toujours avec toi, Tu m'as saisi la main droite; 24 Tu me conduiras par ton conseil, Puis tu me recevras dans la gloire. 25 Quel autre ai-je au ciel que toi! Et sur la terre je ne prends plaisir qu'en toi.

26 *Ma chair et mon coeur peuvent se consumer : Dieu sera toujours le rocher de mon coeur et mon partage.* **27** *Car voici, ceux qui s'éloignent de toi périssent; Tu anéantis tous ceux qui te sont infidèles.* **28** *Pour moi, m'approcher de Dieu, c'est mon bien : Je place mon refuge dans le Seigneur, l'Eternel, Afin de raconter toutes tes oeuvres. »*

Durant l'épreuve, nous pouvons être tenté comme Asaph d'envier la prospérité du non-croyant. Toutefois, il se repent d'avoir trébuché car il a été jaloux de la réussite des injustes. En effet, Cela est un péché lorsque nous envions la réussite de ceux qui n'ont pas la foi dans le Seigneur. Il m'est arrivé pendant ma jeunesse dans la foi, de ressentir ce sentiment : pourquoi l'incroyant a si facilement ce que je désire ? Ne suis-je pas un enfant de Dieu ? Sans m'en rendre compte, mon cœur se nourrissait petit à petit d'amertume. Avez-vous déjà eu l'impression de déplacer des montagnes dans le jeûne et la prière pour obtenir cette simple chose que le non croyant obtient sans effort ? C'est également l'expérience d'Asaph qui se plaint :

« ***13*** *C'est donc en vain que j'ai purifié mon cœur, Et que j'ai lavé mes mains dans l'innocence »*.

Toutefois, il arrivera à une conclusion percutante :

« *Ma chair et mon cœur peuvent se consumer : Dieu sera toujours le rocher de mon cœur et mon partage.* ***27*** *Car voici, ceux qui s'éloignent de toi périssent; Tu anéantis tous ceux qui te sont infidèles.* ***28*** *Pour moi, m'approcher de Dieu, c'est mon bien : Je place mon refuge dans le Seigneur, l'Eternel, Afin de raconter toutes tes œuvres.* »

Après réflexion, Il reconnaît que même si ses besoins humains ne sont pas satisfaits, son bonheur parfait se trouve dans le Seigneur. La finalité de l'injuste étant la destruction.

David, fortifié par son intimité avec Dieu, évoque cette même réalité dans le psaume 4.8 :

« *Tu mets dans mon cœur plus de joie qu'ils n'en éprouvent quand abondent leur blé, leur vin et leur huile. Je me couche et aussitôt je m'endors en paix, car c'est toi seul eternel qui me donne la sécurité dans ma demeure.* »

Il fait une comparaison entre la joie qu'il éprouve dans le Seigneur et la joie des injustes lorsqu'ils prospèrent. Il écrit ces psaumes dans un moment d'épreuve mais sa conclusion est sans équivoque ; sa joie est plus grande que la joie des injustes qui prospèrent matériellement. Dieu lui accorde la paix et la sécurité.

Votre joie dans l'épreuve est-elle plus grande que la joie des injustes qui prospèrent dans leurs entreprises ?

Trouvez vous plus de joie dans vos souffrances et difficultés matérielles que le non croyant qui prospère dans ses finances ?

Oui, si vous avez appris le contentement et comprenez que votre salut en Christ vaut plus que toutes les richesses de ce monde. Cette joie, Jésus-Christ veut vous la communiquer dès à présent.

« *Je vous ai dit ces choses, afin que ma joie soit en vous, et que votre joie soit parfaite* » Jean 15 : 11

« *Je vous laisse la paix, je vous donne ma paix. Je ne vous donne pas comme le monde donne. Que votre cœur ne se trouble point, et ne s'alarme point.* » Jean 14 :27

Dans Hébreux : 13 : 5, nous découvrons une belle promesse concernant nos finances. Il est écrit :

« *Ne vous livrez pas à l'amour de l'argent; contentez vous de ce que vous avez; car Dieu lui-même a dit: Je ne te délaisserai point, et je ne t'abandonnerai point.* »

Le Seigneur promet de ne pas nous abandonner à condition de ne pas nous livrer à Mammon (l'amour de l'argent) et d'apprendre le contentement.

Chapitre IX
Conclusion

Vous développerez une maturité financière en Christ si vous mettez en pratique ces riches enseignements :

Ayez du discernement pour ne pas tomber dans le piège des marchands de l'évangile (II). En effet, il vous incombe la responsabilité de ne pas vous laisser spolier par les enseignants cupides. Examinez également votre cœur afin de considérer votre rapport avec l'argent (III). Le problème n'est donc pas l'argent mais votre approche de celui-ci. Devenir serviteur de l'argent est un danger qui guette tout un chacun. Préservez vous donc de Mammon qui peut dominer autant sur les riches que sur les pauvres.

N'acceptez pas de vivre une pauvreté chronique malgré votre consécration à Dieu (IV). Cela n'est pas de la responsabilité du Seigneur si vous demeurez continuellement pauvre! L'esprit de pauvreté domine sur le paresseux, l'avare, l'endetté, celui qui ne respecte pas ses engagements financiers à l'égard de Dieu et qui pratique une mauvaise gestion financière. N'oubliez pas que vous êtes bibliquement dans l'obligation de laisser un héritage spirituel et matériel à votre descendance. Alors travaillez y !

Avez-vous une vision d'entrepreneur ? Vous pouvez entreprendre si vous en ressentez l'appel (V). Persévérez malgré les défis et les échecs.

Relevez-vous et recommencez ! Votre persévérance portera du fruit à long terme. Souvenez-vous qu'au delà de la grâce universelle, vous avez la grâce spéciale. Aussi, mettez en pratique la gestion financière biblique (VI). Exercez la libéralité à l'égard des pauvres et de l'église.

Pour avoir une visibilité institutionnelle, l'église francophone a besoin des hommes et des femmes qui donnent généreusement afin de favoriser un ministère holistique. Ne manquez pas de soutenir financièrement les ministres de Dieu à temps plein (VII). Ce n'est pas une faveur que vous leur faites mais un droit qu'ils ont sur vous. Même s'ils renoncent volontairement et cela pour une quelconque raison à ce droit, prenez soin d'eux ! Le Seigneur ne manquera pas de vous récompenser. Pour finir, gardez à l'esprit que le véritable bonheur c'est la réalité de la croix (VIII). En effet, l'argent ne fait pas le bonheur mais répond à plusieurs besoins.

Table des matières

Chapitre I Introduction 3

Chapitre II La Prospérité 5

L'évangile de la prospérité :un problème à deux niveaux 6

Le contentement 9

Chapitre III Un examen personnel 12

Servir Dieu ou Mammon 15

Chapitre IV Peut-on être consacré à Dieu mais demeurer dans une pauvreté chronique ? 18

Cinq manifestations de l'esprit de pauvretédans la vie du chrétien 21

Les problèmes de dettes bancaires 24

Quelles solutions pouvons-nous envisager contre cette stratégie bancaire de 27

Mammon ? 27

Chapitre V Être chrétien et entrepreneur 31

Quelques histoires inspirantes 35

La grâce universelle et la grâce spéciale 40

Quelques avertissements 45

Un chrétien doit-il absolument devenir financièrement riche ? 48

Quid de Marc 10 : 29- 30 ? 52

Chapitre VI.La gestion financière biblique. 54

Premier principe : l'aumône 55

Deuxième principe : les offrandes. 59

Troisième principe : Les prémices. 65

Quatrième principe : La dîme. 68

L'abondance matérielle : 73
La protection du travail (ou de votre business) 73
Les défis de l'authenticité 74
Quelques conseils pratiques 76
Chapitre VII. La dîme est-elle le salaire dupasteur ?78
La recommandation de donner gratuitement :......... 86
Chapitre VIII. L'Argent et le Bonheur 87
Les épreuves financières 91
Penchons nous sur l'épreuve financière d'origine divine :... 93
Les constats d'Asaph et de David 99
Chapitre IX Conclusion 104

Printed by Books on Demand GmbH, Norderstedt / Germany